Historia de los celtas

Un apasionante retrato de los celtas

Índice

Introducción

Sería difícil encontrar a alguien en el mundo anglosajón que no se haya sentido encantado o, al menos, interesado por la historia de Irlanda en un momento u otro. Irlanda es una tierra de magia, misterio y costumbres milenarias.

Lo que hace tan fascinante a la isla Esmeralda puede atribuirse en gran medida a los celtas, el antiguo pueblo que habitó lo que hoy se conoce como Irlanda desde el año 500 a. e. c.; incluso empezaron a llegar a la isla quinientos años antes.

En los siguientes capítulos, analizaremos qué hizo de los celtas la quintaesencia de la historia de Irlanda: su vida cotidiana, el folclore y las leyendas celtas, la lengua, las fiestas y los rituales celtas, y cómo era la cultura celta una vez que el cristianismo llegó a la isla. Afortunadamente, aún quedan muchos vestigios de la cultura y las creencias celtas, de los que también hablaremos.

El propósito de este libro es ofrecer una visión general accesible e interesante de los celtas, su cultura, su sociedad y los efectos de su presencia, que aún se dejan sentir hoy en día. Pretende ser una visión histórica de quiénes eran los celtas, cómo y por qué llegaron a Irlanda (o Hibernia, como la llamaban los romanos), y lo que eso significó para la gente que ya vivía en la isla Esmeralda.

A través de este libro, descubrirá la historia de los celtas con un lenguaje fácil de entender; puede disfrutar de este libro tanto si usted es un aficionado a la historia, como si acaba de empezar a descubrir sus raíces irlandesas o es un principiante en la lectura histórica.

Pero, ¿por qué deberíamos querer saber sobre los celtas? Cualquier recurso sobre historia, especialmente sobre un pueblo tan influyente y fundamental en el curso de los acontecimientos regionales y mundiales, es esencial para comprender los sucesos que ocurren a nuestro alrededor en la actualidad. Solo podemos entender el presente conociendo primero el pasado. Los celtas son la razón por la que celebramos Halloween cada año. También son la razón por la que el gaélico irlandés persiste como lengua. Los celtas nos legaron intrincados diseños de metalistería y escultura, e incluso puede que sean la razón por la que los europeos empezaron a llevar pantalones.

Este libro, *Historia de los celtas: Un apasionante retrato de los celtas*, es el recurso esencial que necesita para sumergirse en el estudio de esta intrigante e influyente cultura. Disfrútelo.

PRIMERA PARTE:
La Irlanda celta: lo básico
(500 a. e. c. - 400 e. c.)

Capítulo 1: ¿Quiénes eran los celtas? Un repaso

Los celtas eran en realidad un conglomerado de varios grupos étnicos y tribus que ahora se identifican como un grupo de personas que compartían una lengua y unas raíces lingüísticas comunes. Por ejemplo, los galos, un grupo étnico que con el tiempo se fusionó con las tribus germánicas, era un grupo celta conquistado por los romanos. Las influencias germánicas, romanas y galas acabaron dando lugar al pueblo francés.

En la actualidad se acepta ampliamente que los celtas, aunque diversos y extendidos por Gran Bretaña, Irlanda y Europa occidental durante su apogeo, estaban unidos por sus creencias y similitudes lingüísticas.

¿Quién es un «celta»?

La primera vez que se utilizó la palabra que podemos identificar como «celta» para identificar a un grupo de personas fue por el geógrafo e historiador griego Hecateo. Utilizó el término *Keltoi* para referirse a un grupo de personas que vivían en lo que hoy es el sur de Francia. Heródoto, el célebre historiador, también escribió sobre los *keltoi* en el siglo V antes de Cristo.

Estos pueblos, los *keltoi*, se autodenominaban celtas. Hay varias teorías sobre el origen del nombre, pero los investigadores suelen coincidir en que «celta» procede de la lengua celta, no de algo que los pueblos de fuera los llamaran así. Por ejemplo, los apaches de Estados

Unidos se llaman a sí mismos «diné», que significa «el pueblo». El término apache les fue asignado por sus enemigos, y apropiadamente, eso es lo que significa «apache».

Los celtas pueden o no haber inventado este demónimo (un nombre para un pueblo), pero es seguro que utilizaron el nombre para referirse a sí mismos, incluso si no lo inventaron originalmente. Es cierto que galos y celtas coincidían en cuanto a costumbres tribales, lengua, similitudes culturales, estilos de lucha y zonas que habitaban. Estas sociedades tan estrechamente relacionadas solo se separaron tras la ocupación romana de Gran Bretaña y Europa occidental.

¿De dónde procede el término «celta»?

Existen varias teorías sobre cómo los celtas podrían haber adaptado el griego *Keltoi*. Una teoría es que el nombre «celta» podría provenir de «el vástago del oculto» porque los galos (intercambiables con los celtas cuando los griegos escribieron en el 500 a. e. c.) profesaban ser descendientes del gobernante del inframundo. Después de todo, Hel es de origen germánico y se utiliza para describir el lugar del inframundo y para referirse a la diosa Hela.

Otra teoría sobre el nombre celta es que procede de una palabra raíz de la lengua celta que significa «esconder» o «calentar». Puede que nunca lleguemos a conocer el origen exacto del nombre, pero podemos suponer que, además de ser el término griego para referirse a estos europeos occidentales, el griego *Keltoi* significa «los altos».

Inventaran o no su demónimo, lo cierto es que los celtas utilizaban ese nombre para referirse a sí mismos. De hecho, en lo que hoy es España y Portugal, el naturalista romano Plinio el Viejo observó que las familias utilizaban *Celtici* como apellido. Esto permitiría concluir que estos pueblos se identificaban cultural y étnicamente como celtas incluso antes del siglo I a. e. c., cuando Julio César y Plinio el Viejo registraron estos hallazgos.

«Celtas» y «célticos» en la actualidad

En la actualidad, el término «celta» hace referencia a las antiguas tribus de las que hemos hablado anteriormente. El adjetivo «céltico» suele referirse a sus similitudes culturales y estilos artísticos, pero más a menudo significa una lengua compartida que unía a estas tribus dispares y lejanas.

En el mundo moderno actual, el término «celta» se refiere simplemente a las lenguas, culturas, antiguas creencias paganas, inscripciones y, sobre todo, a los estilos artísticos de Irlanda, Gales, Escocia, Cornualles, Bretaña y la isla de Man. Estos diferentes lugares reflejan el amplio dominio de la cultura celta desde hace milenios.

Los celtas y sus orígenes

El pueblo que acabó formando las numerosas tribus y grupos finalmente conocidos como celtas se originó en Europa central en el siglo XIII a. e. c., mucho antes de llegar a Irlanda a través de las aguas. Las pruebas arqueológicas son escasas y no empiezan a aparecer hasta aproximadamente el siglo VIII a. e. c. cerca de Salzburgo (Austria).

Cultura de Hallstatt

Sin embargo, antes de esas pruebas tan bien conservadas, sabemos que los celtas emigraron desde Europa central porque tenemos pruebas de sus asentamientos hasta lo que hoy se conoce como Chequia (la República Checa). Se abrieron paso hasta el oeste de Francia y, con el tiempo, la enorme variedad de tribus celtas se extendió por toda Europa occidental. Abarcaron lo que hoy conocemos como Francia, Alemania, España y Portugal.

Los celtas establecieron su hogar en la región del Alto Danubio. El agua es esencial para la vida, y estos pueblos descubrieron que podían comerciar y viajar utilizando el río Danubio. También podían utilizarlo para regar sus cultivos. El temprano éxito de los celtas y su posterior explosión por todo el continente europeo puede atribuirse en gran parte a la seguridad y prosperidad que les proporcionaba el río Danubio.

Es en esta cuna del Danubio donde los historiadores y arqueólogos se refieren a los primeros celtas como la cultura de los campos de urnas de la Edad de Bronce tardía. El nombre de «los campos de urnas» procede de su práctica funeraria, única pero unificada, de enterrar urnas con los restos incinerados de sus muertos. Esta forma de enterrar a los difuntos es prácticamente la única evidencia arqueológica que se conserva de estas primeras tribus celtas (y recuerde que el nombre «celta» no fue utilizado por esta gente ni por nadie durante otros ochocientos años).

A partir de la cultura de los campos de urnas, esta personas emigraron y cambiaron, y entonces fueron conocidas como la siguiente cuenta celta en la cadena de culturas celtas, la cultura de Hallstatt. Esta cultura recibió su nombre por el asombroso yacimiento encontrado cerca de Salzburgo, Austria, que hemos mencionado antes. Este otro precursor de los celtas tuvo éxito y fue poderoso en torno a lo que hoy es Austria occidental, algunas partes de Chequia y Austria oriental, Suiza, el sur de Alemania y el este de Francia, territorio bastante grande. Los que vivían en la parte occidental de esta extensa zona eran los pueblos que con el tiempo se extenderían más al oeste hasta Gran Bretaña e Irlanda: los celtas oficiales.

Los protoceltas de Hallstatt no prosperaron por la conquista o la violencia. Tenían guerreros valientes y no rehuían la lucha cuando la situación requería violencia, pero este pueblo prosperó gracias a los increíbles yacimientos de minerales de las zonas que habitaban. Estos yacimientos incluían cobre, hierro y sal, que siempre han sido mercancías valiosas y atractivas. Los Hallstatt comerciaban con las tribus vecinas y, a cambio, recibían cosas como oro y ámbar. De hecho, la intercalación de todas estas mercancías por toda Europa e incluso tan al sur como el Mediterráneo (donde vivían culturas como los etruscos) ayudó a los Hallstatt a tener una existencia estable y próspera durante cerca de ochocientos años.

Collar de ámbar de Hallstatt hallado en la tumba de una mujer

Este comercio es evidente en el oro y el ámbar hallados en los enterramientos de Hallstatt, así como en el hierro y el cobre del Danubio encontrados dispersos al sur y al este de los territorios de Hallstatt. Los Hallstatt no se extinguieron. Simplemente evolucionaron y se adaptaron a los tiempos. La cultura Hallstatt decayó hacia el 400 a. e. c. simplemente porque los recursos naturales empezaron a agotarse. Era el momento de que surgiera un hijo de los Hallstatt y un nieto de la cultura de los campos de urnas: los celtas.

La sociedad celta

La sociedad celta funcionaba de forma muy parecida a las culturas que la precedieron. Era una época anterior a que las monarquías, las dinastías y el feudalismo invadieran Europa. Era una época de alianzas tribales, relativa facilidad para emigrar y flexibilidad de fronteras, una época anterior a la obsesión de los romanos por la conquista y el control.

Las tribus establecían alianzas mediante matrimonios entre miembros importantes (los hijos de los caciques y los vástagos de los consejeros, equivalentes a los nobles y la realeza), que a menudo propiciaban el desarrollo del comercio entre tribus. También significaba que si había rivalidades entre tribus que debían resolverse mediante la batalla, esas tribus aliadas podían luchar juntas contra un enemigo común.

Los celtas eran muchas tribus diferentes que se extendieron por Gran Bretaña, Irlanda y Europa occidental durante unos ochocientos o novecientos años, desde el 500 a. e. c. hasta la llegada del cristianismo a Irlanda (pero incluso entonces, esto solo cambió su dominio cultural, no la existencia de los celtas en sí).

Estas tribus nunca estuvieron centralizadas con un gobernante o una oligarquía, pero estaban unidas por códigos tribales similares, una colorida mitología y un sistema de creencias, estrechos vínculos con los cambios estacionales y las cosechas y, sobre todo, una lengua común.

Los celtas se organizaban dentro de cada tribu mediante una jerarquía basada en la capacidad del jefe para proteger a la tribu y tomar decisiones acertadas en función de las disputas por la propiedad, las actividades de cosecha e incluso los delitos penales cuando era necesario. Más adelante, una vez que los celtas tuvieron más interacciones (normalmente en forma de guerras o conquistas) con los romanos, empezaron a tomar forma estructuras de gobierno oligárquicas, aunque estas siempre conservaron un sabor exclusivamente celta. Los guerreros más valientes y fuertes se convertían en consejeros del jefe, junto con los misteriosos druidas que dirigían la religión celta.

Curiosamente, los celtas (a diferencia de muchos de sus homólogos sincrónicos) no definían gran parte de sus vidas en función de los roles de género. Mujeres y hombres podían heredar propiedades por igual, y el matrimonio se consideraba una asociación más que un contrato comercial o político. Las mujeres no podían casarse en contra de su voluntad; un futuro marido necesitaba contar con la aprobación abyecta de su futura esposa antes de que pudiera celebrarse cualquier acuerdo matrimonial.

Aparte del contraste de que las mujeres tenían más derechos que sus homólogas en otras sociedades, poco más sabemos sobre cómo los celtas llevaban sus asuntos como hombres y mujeres antes de su llegada a la isla Esmeralda. Los registros son escasos, y lo que existe habla de una sociedad matriarcal, pero no son de fuentes fiables, ya que proceden de autores románticos y de las primeras feministas de los últimos trescientos años.

Sin embargo, lo que mencionan las fuentes contemporáneas sobre los celtas es interesante. Estrabón, un geógrafo griego nacido en el año 64 a. e. c., escribió: «Los hombres y las mujeres bailan juntos, cogidos de la mano», algo totalmente distinto a lo que hacían griegos y romanos. En esas culturas, los géneros estaban fuertemente separados por medidas legales y culturales. Los escritores romanos y griegos también escribieron que las mujeres celtas eran tan feroces, altas y fuertes como los hombres, como atestigua la historia de la reina celta Boudica, famosa por liderar una rebelión contra los romanos en el año 60 de la era cristiana.

Aunque las diosas paganas a las que adoraban los celtas, así como las mujeres en su vida cotidiana, lo tenían mejor que sus homólogas femeninas en otras sociedades, esto seguía estando muy lejos de los derechos de las mujeres de hoy en día. Lo que era «igualitario» o «matriarcal» para los extremadamente patriarcales griegos y romanos, enemigos número uno de los celtas, podría haber sido algo tan simple como que una mujer no tuviera un matrimonio concertado. No podemos tomar estas fuentes externas al pie de la letra: siempre deben examinarse utilizando las lentes a través de las cuales se observaron originalmente.

Las antiguas mujeres celtas: Un gran misterio

Dado que la mayor parte de lo que sabemos sobre las primeras culturas celtas (y no sabemos casi nada sobre la cultura de los campos de urna o los Hallstatt) fue escrito por forasteros, tenemos que tenerlo en cuenta a la hora de hablar de los papeles de hombres y mujeres en la sociedad.

La diosa celta ideal era poderosa, tanto en la guerra como por su capacidad de dar vida; no podemos asegurar que las mujeres celtas corrientes fueran veneradas del mismo modo. Sin embargo, como ya hemos dicho, las mujeres celtas gozaban de una libertad extraordinaria en comparación con las romanas y, sobre todo, con las británicas que vinieron después. «Extraordinaria» es un término que podemos aplicar liberalmente. La sociedad celta no estaba estrictamente separada entre los sexos como otras culturas de la misma época, así como las sociedades antiguas que vinieron antes y después.

Las fuentes que tenemos sobre las mujeres celtas fueron escritas con el sesgo innegable de que los celtas, galos y germanos eran bárbaros, y los puntos de vista de los escritores no pueden evitar estar aderezados por sus propias opiniones.

Por ejemplo, lo más probable es que la ferocidad de las mujeres celtas para defender a sus familias y propiedades surgiera de los mitos que eran muy populares sobre los celtas durante el periodo medieval, muy posterior a estos primeros escritos. Las mejores fuentes que tenemos para indicar la posición de las mujeres en la sociedad celta antes de su llegada a suelo irlandés son los artefactos que se han encontrado en sus tumbas.

Como ocurría a menudo en el pasado (pensemos en los siglos XVIII, XIX e incluso XX), los arqueólogos, todos varones, daban por sentado que si una tumba estaba adornada con objetos de valor precioso, como armas, joyas y fragmentos de tejidos caros, y si la tumba era grandiosa y/o estaba intrincadamente decorada, esa tumba pertenecía a un hombre. Solo en el último siglo, más o menos, los antropólogos y arqueólogos se han molestado en examinar si los restos humanos eran de hombres o de mujeres.

Desde que se ha descubierto el sexo tradicional de estas personas enterradas, ha sido sumamente esclarecedor descubrir que las mujeres celtas, especialmente en la próspera cultura de Hallstatt, eran enterradas con todos los honores y bienes para su uso en la otra vida, como la enorme crátera mezcladora de bronce (un cuenco con un asa a cada lado importado de Grecia) que se encontró en la tumba de una mujer de Hallstatt en Francia. Junto con este objeto ridículamente caro y valioso, fue enterrada con lo que era típico de las mujeres: pinzas de depilar, curetas, peines y joyas. Sin embargo, esta mujer en concreto, apodada la dama de Vix, por ser Vix el nombre del yacimiento, también tenía enterradas con ella numerosas figuras de perros y niñas. Estas figuras estaban moldeadas y talladas en materiales caros, como el vidrio y el bronce, y en materiales más ordinarios, como la arcilla y el azabache. Desconocemos su finalidad.

Una cabeza de gorgona decora una crátera (urna enorme) hallada en la tumba de Vix
WikiRigaou, CC BY-SA 4.0 <https://creativecommons.org/licenses/by-sa/4.0>, vía Wikimedia Commons; https://commons.wikimedia.org/wiki/File:Vix_krater.jpg

La dama de Vix no es el único ejemplo de una antigua mujer celta que recibe un lujoso entierro; es simplemente el más famoso. Sin las lentes misóginas e imperiales del pasado y poniéndose unas lentes más objetivas y utilizando los instrumentos modernos que tienen a mano, los arqueólogos pueden afirmar con seguridad que las mujeres celtas eran ampliamente honradas a su muerte, lo que nos lleva a creer que sí gozaban de un estatus superior al de sus contemporáneas.

Creencias celtas básicas

En primer lugar, los celtas estaban unidos a través de vastos territorios y de la historia por su lengua, pero el siguiente factor vinculante eran sus creencias religiosas. Es difícil describir un sistema de creencias celtas centralizado; más bien, los pueblos celtas de todas las épocas, incluidos los actuales, tienen creencias similares que los unen.

Una de las creencias más importantes de los celtas era la santidad de los lugares naturales, como las arboledas sagradas y los manantiales cristalinos y frescos. Ciertas arboledas se consideraban sagradas porque se creía que eran la morada de los dioses, a menudo de la diosa Nemétona. Una vez encontradas y limpiadas ceremonialmente, estas arboledas sagradas se bloqueaban por los cuatro costados para marcarlas como lugares sagrados.

Una creencia religiosa que los que leemos esto hoy podemos encontrar intensa es la importancia que los celtas daban a la cabeza humana, de la que se decía que era la sede del alma. Esa idea en sí misma puede no ser tan asombrosa, pero de ella surgieron prácticas que pueden parecer cuestionables a nuestros ojos modernos. Los escritores romanos afirman que los celtas adoraban los cráneos de sus antepasados, pero lo más probable es que embalsamaran y conservaran las cabezas de sus enemigos tras la victoria en la batalla. Conservar las cabezas y los cráneos de los enemigos conquistados es mucho más probable que cortar las cabezas de los antepasados amados.

Los druidas: Una Introducción

Algunas personas hoy en día afirman practicar la religión druídica, pero es simplemente una interpretación moderna de lo que los antiguos druidas celtas hicieron durante el apogeo de su poder religioso y prominencia. La conclusión es que no sabemos mucho con seguridad sobre el antiguo sistema religioso celta, especialmente antes de que los celtas se trasladaran hacia el oeste y se establecieran en Gran Bretaña e Irlanda. No existe ningún escrito celta centralizado que haya sobrevivido.

De hecho, los druidas, los líderes de la sociedad como caciques, eran tan reservados que su conjunto de creencias, rituales, prácticas y conocimientos sobre hierbas se transmitía a sus acólitos de forma oral.

La palabra «druida» está rodeada de misterio. Incluso hoy en día, no estamos seguros de por qué los jueces celtas, jefes, curanderos, sacerdotes, maestros y cualquier otra posición de aprendizaje se conocen como «druidas». El nombre se atribuye a la raíz celta que significa «saber», ya que los druidas eran el nivel más erudito de la sociedad celta.

Sin embargo, a diferencia de muchos de los grupos de personas a los que nos referimos hoy en día, los druidas probablemente se llamaban a sí mismos algo que sonaba como ese nombre. Hay un término galés que se refiere a los profetas como *dryw*, que tiene una pronunciación similar. En la mitología irlandesa, las druidas se llamaban *ban-druí*.

La idea principal de introducir aquí a los druidas es que, a medida que los celtas (a los que los romanos llamaban galos) se abrían camino hacia el oeste a lo largo de los siglos (al final de la Edad de Hierro y en lo que llamamos la Era Clásica), los druidas eran los poseedores del conocimiento, los guardianes de los secretos y los narradores de historias. Incluso hoy tenemos una cierta idea de los rituales místicos en el bosque realizados bajo la luna llena, el culto a la naturaleza e incluso los sacrificios humanos. Los druidas formaban parte del estrato más alto de la sociedad celta, junto con los nobles celtas, pero se aseguraban de mantener en secreto la mayor parte de sus conocimientos. Lo que creemos saber procede de la mitología irlandesa (al fin y al cabo, en todo mito hay algo de verdad), que se promulgó por la isla Esmeralda y el mundo medieval mucho después de que los celtas formaran parte de la narrativa irlandesa.

Representación de un druida en el siglo XIX
https://commons.wikimedia.org/wiki/File:An_Arch_Druid_in_His_Judicial_Habit.jpg

Capítulo 2: La llegada de los celtas a Irlanda

El pueblo que vamos a conocer, los celtas, comenzó a llegar a Irlanda alrededor del año 500 a. e. c.. No fue una migración repentina, ni se caracterizó por el éxodo masivo de personas a un mismo lugar. La migración celta a Irlanda puede compararse a un pequeño goteo de personas que navegaron durante un periodo de varios cientos de años. Algunos historiadores creen que algunos celtas empezaron a llegar a Irlanda antes del año 500 a. e. c. —la ventana común se sitúa entre el 800 y el 400 a. e. c.—, pero se trata de una idea poco establecida. El año 500 a. e. c. es lo que generalmente se acepta como la época aproximada en que los celtas empezaron a llamar a Irlanda su hogar.

Puede parecer extraño que un pueblo tan extenso y extendido como para cubrir zonas de lo que hoy es Francia, Alemania, Suiza, Austria, España, Portugal e incluso tan al sur como Turquía se detuviera simplemente en unas islas en las que desembarcaron. ¿Por qué los celtas no continuaron su expansión hacia el oeste más allá de Gran Bretaña e Irlanda? Hay varios factores que contribuyeron a la expansión de los celtas hacia Gran Bretaña e Irlanda y a su asentamiento allí, especialmente en Irlanda.

Una de las razones por las que no pudieron continuar hacia el oeste fue que en Europa aún no existía la tecnología marítima necesaria para realizar viajes oceánicos tan agotadores como los que tendrían que realizar los navegantes desde Irlanda hasta América. Otra razón es que aproximadamente un milenio después de que los celtas llegaran y se establecieran en Irlanda, los romanos pusieron fin a cualquier posibilidad de que la cultura celta se expandiera a cualquier otro lugar.

¿Invadieron los celtas Irlanda?

Desde nuestra perspectiva actual, a primera vista, la expansión celta desde Europa occidental y central puede recordarnos a un pueblo ávido de conquistas como los nórdicos o los normandos, pero la expansión celta y su asentamiento en Irlanda fueron lentos, graduales y, en general, pacíficos.

Los nórdicos, o vikingos como los llamamos comúnmente, invadieron Inglaterra violentamente a finales del siglo VIII de nuestra era, mucho después de la llegada de los celtas a Irlanda. Existen marcadas diferencias entre estos dos grupos de pueblos que llegaron a suelo británico e irlandés (los nórdicos también conquistaron Irlanda, y llamaron célebremente a Dublín con las palabras de su propia lengua, que significan «laguna negra»). «Vikingo» es en realidad una profesión, de ahí que a los invasores se los conozca como vikingos. Los escandinavos que llegaron rápida y violentamente a Gran Bretaña y otras partes de Europa se llaman en realidad nórdicos (una distorsión de «Northmen», traducido del inglés como «hombre del norte»). Vikingo es un título como marinero, granjero o adivino.

Contrariamente a la rimbombante y sangrienta invasión nórdica de tierras en Europa, los celtas se asentaron más o menos lentamente en Irlanda y la convirtieron en su principal base de operaciones. Al fin y al cabo, es más fácil sentirse en casa en una tierra donde se puede construir una cultura, una sociedad, una vida y una historia compartida sin verse amenazado por todas partes por imperios hambrientos (como los griegos, los romanos e incluso los escitas en ocasiones).

Los normandos también llegaron a llamar a Gran Bretaña su hogar, pero eso ocurrió más de doscientos años después de que los nórdicos invadieran Inglaterra de la mano de Guillermo el Conquistador, lo que ocurrió en 1066. Tanto los nórdicos como los normandos llegaron para apoderarse por la fuerza de las tierras, convertir a los lugareños en esclavos y súbditos, y gobernar el país a su antojo. A veces hubo negociaciones, pero, en general, la llegada de estos dos grupos sanguinarios siglos después de la llegada de los celtas a suelo irlandés supuso la muerte y la destrucción de quienes habitaban las islas, incluidos los propios pueblos celtas.

Sin embargo, los celtas que se asentaron en Irlanda y Gran Bretaña lo hicieron sin pretensiones, integrándose en el sistema que ya existía o encontrando tierras que estaban deshabitadas para hacerlas suyas. Estos celtas irlandeses son en los que pensamos hoy cuando hablamos del antiguo pueblo y la cultura celtas.

La llegada de los celtas a Irlanda les permitió construir una conexión cultural más fuerte entre tribus y jefaturas. Nunca llegaron a centralizarse del todo, pero se dieron cuenta de que los aliados eran mejores que los enemigos, sobre todo con los romanos, siempre al acecho, al otro lado de un corto tramo de agua.

Viajes y comercio

Al igual que las culturas protoceltas antes que ellos, los celtas irlandeses se introdujeron en la sociedad irlandesa existente, convirtiéndose en la cultura dominante desde unos doscientos años después de su llegada hasta aproximadamente el año 400 de nuestra era. Galos y celtas (el solapamiento en el continente europeo era tal que casi no había rasgos distintivos entre ambos pueblos hasta que los celtas se marcharon a Irlanda; los galos vivían en la actual Francia bajo ocupación romana) siempre prosperaron gracias a las alianzas y el comercio. Esto no fue diferente una vez que los celtas llegaron a Irlanda.

Los celtas llevaron a Irlanda herramientas de hierro y el conocimiento de cómo forjarlas y utilizarlas. Aunque la mayoría de las herramientas eran aperos de labranza y cocina, no cabe duda de que los celtas introdujeron armas entre los objetos que llevaron a los habitantes de Irlanda.

Cuando los celtas llegaron a Irlanda, lo más probable es que al principio buscaran nuevos puntos de comercio, pero finalmente empezaron a asentarse. Hoy en día se puede ir a Irlanda y ver por qué los celtas estaban encantados con el verde y exuberante paisaje. Ellos mismos contribuyeron en gran medida a la lengua y la cultura irlandesas que hoy conocemos y amamos.

Lo que probablemente comenzó como un reconocimiento para una misión comercial permitió a los celtas emigrantes forjar más alianzas hacia el oeste, terminando como una especie de vuelta a casa para los antiguos celtas.

¿Quiénes eran los habitantes de Irlanda cuando llegaron los celtas? En realidad, no sabemos mucho sobre ellos. Sabemos que los celtas encontraron habitantes irlandeses por las tumbas y los restos de antiguos poblados. No sabemos mucho más porque, aunque los celtas desarrollaron un sistema de escritura, el *ogham*, no se conservan registros escritos sobre con quién comerciaban.

Sistema de escritura

Aunque es probable que la lengua ogámica se inscribiera en objetos perecederos como telas y madera, los ejemplos de *ogham* que se conservan están tallados en monumentos de piedra. La mayoría de estos ejemplos representan nombres personales. La razón de esta suposición es que faltan varios sonidos de la lengua en los monumentos de piedra, aunque obviamente se utilizaron y sobrevivieron. Por lo tanto, es probable que existieran muchos escritos celtas en *ogham* demasiado frágiles para haber sobrevivido durante tanto tiempo.

Sin embargo, existen otras teorías sobre el origen de la escritura ogámica entre los celtas de Irlanda. Como el *ogham* se parece más que ligeramente a lo que conocemos como alfabeto rúnico germánico (en la cultura popular, son las «runas vikingas», como las de los mapas de Tolkien y los tatuajes de los metaleros), antropólogos, lingüistas e historiadores han sugerido que quizá el *ogham* sea simplemente una copia de las runas germánicas. Dado que el alfabeto rúnico germánico contiene los sonidos que faltan en los ejemplos escritos de *ogham* que se conservan, esta teoría explica que los sonidos nunca desaparecieron.

Otra teoría es que el *ogham* es simplemente una transliteración del alfabeto latino, aunque las consonantes celtas como «z» y «w» no existen en el alfabeto latino. La razón por la que esta teoría es válida es que sabemos que hubo mucho contacto entre los romanos y los británicos, sobre todo cuando se inscribieron los monumentos *ogham*.

Monumentos *ogham* en Dunloe, Irlanda

Desde el descubrimiento (o quizá recuperación) de este sistema, se han propuesto innumerables teorías sobre sus orígenes, entre ellas las dos mencionadas anteriormente. Es importante señalar que la palabra *ogham* solo se refiere al método de escritura: el acto de utilizar una cuchilla para tallar en una superficie dura. El grupo de letras en sí se conoce como *Beith-luis-nin*, que es como decir «alfabeto» (alfa y beta son las primeras letras del alfabeto griego). *Beith-luis-nin* recibe su nombre de las tres primeras letras del sistema de escritura.

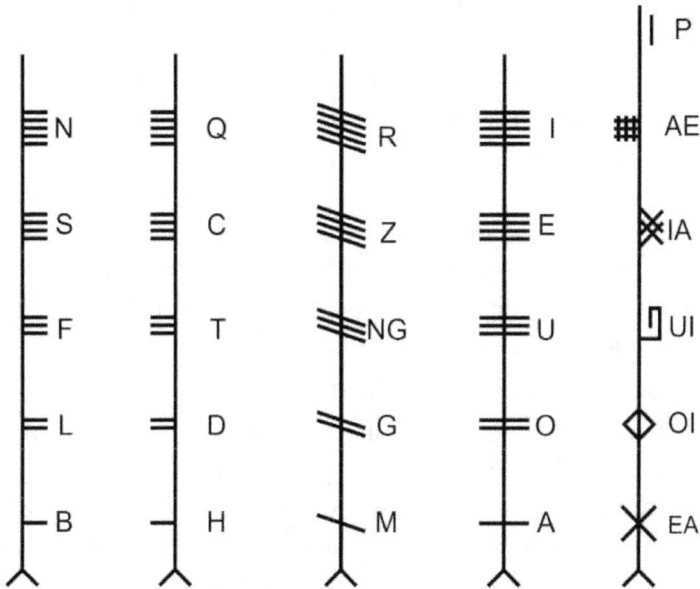

Alfabeto ogámico

Lamentablemente, es mucho más lo que desconocemos sobre la escritura celta y el *ogham* que lo que sabemos. Al igual que la desaparición de los colonos ingleses en Roanoke, Virginia, y la ubicación del Arca de la Alianza, los celtas siguen guardando muchos secretos, incluso después de todos estos siglos.

La vida después de llegar a Irlanda

A pesar de lo que estaba por venir, los romanos no molestaron a los celtas y, en general, se llevaron bien con otros pueblos tribales de Europa, como las vastas tribus germánicas y los pueblos galos (que eran un grupo celta, pero desarrollaron una identidad más separada que la de los celtas irlandeses). Sin embargo, esto no significa que los celtas no supieran luchar. Eran fieros guerreros que ponían a prueba sus habilidades metalúrgicas creando cascos, grebas, guanteletes, lanzas y espadas para la batalla. Veían la sabiduría en la no violencia, pero podían defender a sus familias, granjas, hogares y aldeas si era necesario.

La mayoría de los celtas eran agricultores y complementaban sus cosechas con la caza salvaje en los frondosos bosques de Irlanda. Cultivaban maíz, cebada y centeno, pero con el tiempo el trigo cobró más importancia. En cuanto a la caza, el jabalí era un alimento básico, pero el venado también gozaba de gran popularidad. Los celtas también cazaban zorros, castores e incluso osos. Un oso proporcionaba grasa para ayudar a cicatrizar las heridas, pieles para la ropa y la cama, y carne para todo un poblado.

Para cocinar estos bocados, los celtas utilizaban un método de cocción en el que dejaban caer piedras calientes en una olla grande para hacer hervir el agua. Añadían carne, verduras y hierbas a esta mezcla, que se cocinaba con piedras. Mantenían el fuego de las piedras muy caliente para que el agua estuviera siempre hirviendo.

Influencia celta en la cultura irlandesa

Como hemos mencionado anteriormente, se sabe muy poco sobre los habitantes de Irlanda antes de que los celtas llegaran a tener una presencia importante en la isla. Sin embargo, sí sabemos que la lengua que acabó convirtiéndose en el gaélico irlandés (que aún se enseña en Irlanda hoy en día) procedía de una mezcla de varias lenguas celtas y lenguas irlandesas autóctonas. Cuando los celtas se convirtieron en un pueblo más irlandés y menos nómada, adoptaron el gaélico irlandés como lengua de unión.

Aunque se sabe muy poco sobre los habitantes autóctonos de Irlanda anteriores a los celtas, se dice que llevaban allí unos siete u ocho mil años antes de la llegada de estos. La topografía de Irlanda no es la mejor para conservar materiales orgánicos (salvo en las turberas), por lo que no se sabe mucho de la cultura que reinaba en Irlanda antes de los celtas. Hubo un pueblo de la Edad de Bronce perteneciente a la cultura vaso campaniforme, así llamado por su estilo de cerámica en forma de vaso, que sí sobrevive hoy en día. Es posible que mostraran a los primeros irlandeses cómo trabajar el bronce y que enseñaran lo mismo a los celtas.

Sin embargo, dado que los celtas fueron una importante cultura de la Edad de Hierro por derecho propio, quedan muchos artefactos y yacimientos arqueológicos de su civilización. Además de la evolución lingüística, que aún hoy puede verse y estudiarse, los celtas aportaron un sentido único del arte, la artesanía, la mitología e incluso los métodos de lucha, todos ellos reconocidos hoy en día. Los pueblos celtas que se asentaron en Irlanda hace más de 2.500 años son los antepasados de la mayor parte de la población irlandesa, por lo que cualquier grupo indígena que les precediera se ha desvanecido en la historia. De hecho, el ADN de los irlandeses modernos es mayoritariamente celta/gaélico; esto incluye también a la población de Irlanda del Norte. Los nómadas irlandeses (romaníes) son la excepción, pero eran genéticamente similares hasta alrededor del siglo XVII.

Esencialmente, lo que sabemos es que la cultura irlandesa primitiva influyó en los celtas aportándoles características lingüísticas que se convirtieron en gaélico irlandés, pero, en definitiva, los celtas se convirtieron en una cultura irlandesa unos cientos de años después de su llegada a suelo irlandés.

Capítulo 3: La vida cotidiana en la Irlanda celta

La agricultura

La mayoría de los habitantes de Irlanda durante la Edad de Bronce eran agricultores. La Edad de Hierro, que le siguió, no fue realmente diferente. Las aleaciones metálicas podían utilizarse para crear aperos de labranza, lo que facilitaba la realización de más trabajo en menos tiempo. Los agricultores no solo podían alimentar a sus familias, sino que también podían comerciar con los excedentes de sus cosechas para comprar más aperos de labranza o ganado, o también para ampliar sus casas. A veces, los excedentes de las cosechas servían incluso para comprar esclavos.

La agricultura en la Irlanda celta durante esta época era prácticamente la misma que en Gran Bretaña. Estos métodos siguieron siendo los mismos durante siglos. Los celtas empezaron a organizar las parcelas de tierra de labranza en formas rectangulares regulares, en las que sembraban diferentes cultivos y utilizaban algunas para el pastoreo de animales y otras para cultivar heno. Los animales que criaban los celtas dormían normalmente bajo techo por la noche, ya fuera en un precursor de un pequeño granero o bajo el techo familiar. Los celtas cultivaban cebada, maíz, trigo, distintos tipos de judías, chirivías, espinacas, zanahorias, ajo y cereales para la alimentación animal (centeno, mijo y espelta). Con el tiempo cultivaron lino para fabricar tejidos.

Aperos de labranza

Antes de utilizar herramientas de metal para acelerar el proceso de cultivo, los celtas (y todos los demás) fabricaban herramientas agrícolas, como azadas, rastrillos y hoces, con huesos de animales. Estas herramientas fueron eficaces durante un tiempo, pero se desafilaban más rápida y fácilmente que el metal. Las herramientas de metal permitieron a los pueblos de la Edad de Bronce y de Hierro trabajar con mayor rapidez y eficacia, ya que no tenían que sustituirlas constantemente. Las rejas de arado que utilizaban los agricultores eran de hierro, pero el hombre seguía siendo el músculo que trabajaba la tierra; los animales aún no se utilizaban como bestias de carga.

Para poder adquirir tierras de labranza, los celtas tuvieron que talar y despejar partes de bosques o incluso enormes extensiones de árboles que encontraban en sus nuevas tierras. Como los bosques se consideraban una parte sagrada de su cultura y su sistema de creencias, no arrasaron toda la tierra, pero aun así tuvieron que hacer sitio para cultivar sus cosechas y pastar sus animales. La herramienta celta más reconocible hoy y entonces era el hacha. Como las cabezas podían ser de bronce o hierro en lugar de piedra o hueso, talar árboles nunca había sido tan fácil. Los celtas utilizaban parte de la madera para delimitar sus pequeños campos de cultivo.

Los celtas son conocidos por su azadón móvil, que permitía a los agricultores arar y labrar sus campos al mismo tiempo. La pértiga, una herramienta afilada en forma de cuchilla situada en el extremo de la reja del arado, cortaba la tierra verticalmente, mientras que el arado removía la tierra cortada con su barra horizontal. Este tipo de combinación se utilizó durante siglos por su eficacia.

Otro asombroso invento agrícola celta fue el arado de ruedas. Cuando pensamos en los pueblos antiguos que araban y labraban la tierra a mano, a menudo pensamos en el modelo romano, que era lo bastante ligero para que una persona lo llevara y lo empujara laboriosamente a través de la tierra. Los celtas inventaron un modelo más pesado, pero sostenido a ambos lados por una rueda, lo que hacía que el peso adicional fuera insignificante para el trabajador, pero excelente para remover la tierra.

Técnicas agrícolas

El agotamiento de los nutrientes del suelo siempre ha sido un problema desde que se inventó la agricultura hace unos doce mil años.

A lo largo de los milenios, los agricultores han descubierto (y siguen descubriendo) nuevas y mejores formas de cultivar alimentos y otros cultivos. Los agricultores británicos y celtas aprendieron que, si el suelo se estaba agotando, podían fertilizar los campos con pozos profundos de tiza y marga. La marga forma parte de la capa superficial del suelo y está compuesta, dependiendo de dónde se encuentre, por diversos porcentajes de limo, arcilla y arena, lo que significa que se encuentra cerca del agua o donde solían estar las fuentes de agua. La marga aporta al suelo los nutrientes que tanto necesita, y la creta eleva el pH del suelo. Por supuesto, los antiguos celtas no tenían ni idea de lo que era un nivel de pH, pero ciertos cultivos, como las judías, las espinacas, la col rizada y los espárragos, crecen muy bien en suelos alcalinos.

Cuando los agricultores celtas tenían un excedente de grano, utilizaban graneros para almacenar el producto extra. La mayoría se construían bajo tierra. Antes de llenarlos de grano seco, los agricultores solían colocar una ofrenda de algún tipo a los dioses en el fondo del granero.

Ganadería

Los celtas mantenían rebaños de ganado, del que obtenían carne, leche y ropa. También tenían algún tipo de cerdo domesticado cuya especie ya no existe, y criaban ovejas por su lana y cabras por su leche, que también consumían.

De hecho, los celtas tenían todos los animales de granja que conocemos hoy en día: gallinas, gansos e incluso conejos, aunque probablemente se parecían más a las liebres salvajes que a los esponjosos conejitos actuales. Se ha especulado con la posibilidad de que los celtas utilizaran gallos para jugar, ya que en sus asentamientos se han encontrado pequeños recintos sin techo que apenas difieren de las jaulas para gallos que se utilizan hoy en día.

Julio César, quizá erróneamente, pensaba que los celtas solo tenían aves como mascotas, no para el consumo. Estableció conexiones entre los animales y ciertos dioses celtas, pero debemos recordar que los observadores externos griegos y romanos se equivocaban continuamente acerca de aquellos sobre los que escribían. Lo más probable es que los celtas se comieran todos los animales que tenían.

Naturalmente, los graneros atraían a los ratones, por lo que es probable que los celtas tuvieran una estrecha relación con los gatos. Podría decirse que los gatos se domesticaron a sí mismos: son oportunistas que se dieron cuenta de que la vida junto a los humanos les ofrecería seguridad alimentaria y cobijo. Los perros se utilizaban para cazar y formaban parte importante de las epopeyas heroicas celtas, ya que el héroe solía tener algún tipo de compañero canino.

Construcción de viviendas

Al igual que en otras sociedades europeas de la Edad del Bronce, el principal método de construcción de casas y estructuras menores (como corrales techados para animales) era el de zarzo y el barro. En este método se utilizaban principalmente postes de madera y palos flexibles recogidos en los bosques cercanos. Estos postes y palos se entretejían como una gran cesta. Los celtas clavaban los postes en el suelo para conseguir estabilidad, aunque a veces tenían que cavar agujeros para empezar, dependiendo de la dureza del terreno.

Luego colocaban los postes en un círculo tan grande como deseaban que fuera la casa o la estructura. Entrelazaban las ramitas y los palos formando algo más delgado que los postes principales del esqueleto; era como si su casa fuera una cesta estable.

Para rellenar los huecos entre los tejidos se utilizaba una mezcla de barro, arcilla e incluso estiércol animal. Los constructores hacían una mezcla de estos materiales para «embadurnar» el «zarzo» con el que se construía la casa. La mezcla de barro, arcilla y estiércol se endurecía de forma increíble, aunque de vez en cuando había que repararla, sobre todo tras las inclemencias del tiempo.

El suelo era plano y de tierra compactada. Con el tiempo, esta tierra compactada se volvería dura y resistente tras generaciones de pies caminando sobre ella y gente durmiendo encima. Los tejados de estas viviendas redondas y más bien humildes eran de paja. Para ello había que secar paja y recoger ramitas para colocarlas unas sobre otras. A continuación, unían estos haces de paja y ramas en capas para impermeabilizar el tejado. Algunas casas tenían pequeños agujeros en la parte superior para que saliera el humo. Otras familias preferían no mojarse cuando llovía, así que hacían respiraderos en sus tejados de paja para que saliera el humo. No querían tener que alejarse del centro de la casa cada vez que se abría el cielo.

En cuanto a la privacidad, la verdad es que no había mucha. La mayoría de estas casas redondas con techos de paja tenían una habitación en la que la familia hacía todo: cocinar, comer, hacer y reparar la ropa y cuidar a los niños. Por lo demás, las actividades se realizaban en el exterior, a menos que hiciera mucho frío.

Puede resultar sorprendente pensar en familias enteras, a menudo multigeneracionales, que pasaban horas y horas juntas dentro de una pequeña casa de una sola habitación. Sin embargo, las sociedades de la Edad del Bronce eran muy comunales y diferentes de lo que estamos acostumbrados hoy en día, incluso para cosas como el crecimiento de la familia. Es probable que la pareja estuviera separada de los demás durmientes simplemente por una cortina. La familia se calentaba y charlaba alrededor del fuego y, como hemos mencionado antes, utilizaban el método de la piedra caliente para cocinar guisos. En lugar de colgar directamente una olla sobre el fuego, los cocineros celtas colocaban piedras en un fuego al rojo vivo y luego dejaban que esas piedras se calentaran lo suficiente como para hervir el agua del guiso. Si la temperatura de la comida bajaba, simplemente añadían otra piedra. Los celtas también asaban carcasas enteras en espetones sobre el fuego.

Caza, pesca y búsqueda de alimentos

Aunque los celtas eran agricultores prolíficos, nunca dejaron de cazar animales salvajes. Los animales que más cazaban en los bosques eran el ciervo y el jabalí. La carne asada favorita de los celtas era la de jabalí, que era incluso mejor que la de los cerdos domésticos que criaban. A veces, los celtas también consumían carne de oso. No está claro si cazaban osos a propósito para consumirlos o si estas muertes se producían como acto de defensa propia.

Los celtas también comían zorros y castores. Estos animales eran abundantes y, a ojos de los celtas, comestibles y útiles por sus pieles, por lo que eran presa fácil, por así decirlo. Los celtas no cazaban a caballo, sino que utilizaban perros de caza para acechar a sus presas, como zorros o ciervos. A veces se dividían en dos grupos y un grupo de cazadores perseguía a su presa hasta las lanzas del otro grupo. Los celtas siempre cazaban a pie, pero como no lo hacían solos, podían vigilarse unos a otros, advirtiéndose de peligros como el oso errante o el jabalí iracundo. Normalmente, las lanzas eran las armas preferidas para cazar y pescar.

Es natural que los asentamientos celtas se desarrollaran cerca de fuentes de agua dulce, que solían ser ríos, pero a veces grandes lagos. Esto significa que una gran parte de su dieta procedía de pescados grasos de agua dulce, como el salmón, la trucha y la caballa. Estos pescados proporcionaban a los celtas los ácidos grasos omega-3 y la vitamina C que tanto necesitaban. Los celtas también solían comer anguilas. Capturaban los peces normalmente de uno en uno utilizando lanzas, pero también desarrollaron métodos de captura al igual que las sociedades antiguas de todo el mundo. Tejían cestas en las que los peces nadaban, pero no podían escapar. Esta era una forma de ahorrar trabajo para capturar peces mientras se realizaban otras tareas.

Los celtas complementaban su dieta de carne, pescado y cereales con productos dulces. Buscaban frutas (sin cultivarlas hasta mucho más tarde), como muchos tipos de bayas, como moras, grosellas y arándanos. También buscaban setas, comían huevos de pájaros silvestres y manzanas que podían alcanzar o que caían de los árboles. Incluso consumían ortigas, que pueden ser espinosas y peligrosas al tacto. Las ortigas se utilizaban probablemente con fines medicinales.

Aunque otras sociedades mucho más antiguas que la celta, como los antiguos egipcios, los griegos y algunas sociedades de Oriente Medio, consiguieron criar/domesticar abejas en colmenas artificiales, los celtas buscaban miel. La cera de abejas siempre ha sido útil y muy apreciada, al igual que la miel por su delicioso dulzor y sus propiedades medicinales. Por lo que sabemos, los celtas no criaban abejas domésticamente, pero aun así se beneficiaban de su duro trabajo consumiendo miel y utilizando cera de abejas.

Un día normal

Ahora que hemos hablado de los arreglos típicos de la dieta y la vivienda, ¿cómo era un día normal para un campesino celta? La nobleza tenía personal doméstico y estaban muy ocupados decidiendo sobre el futuro del asentamiento, así que examinemos cómo sería un día típico para una campesina en un poblado celta de la Edad del Bronce.

- Si imaginamos a una campesina en la Edad de Bronce, lo primero que haría sería sacar agua de un pozo o del río para sus tareas matutinas, como cocinar y refrescarse. También la utilizaría su familia.
- El desayuno podía consistir en algún guiso sobrante de la noche anterior, algo de fruta, pan o incluso leche fresca de vaca o cabra.
- Es probable que, aunque se trate de una niña, ella y sus hermanos sabrían fabricar herramientas con sílex y huesos de animales. Probablemente empezaría el día afilando sus agujas de hueso y remendando ropa o mantas, o quizás continuando

su trabajo de curtido de pieles de animales del día anterior.

- La alimentación de los animales es muy importante. Los cerdos reciben las sobras, y las vacas y las ovejas suelen arreglárselas solas, aunque agradecerían un poco de heno o paja. Las gallinas pueden alimentarse de maíz y otras semillas que se les da.

- Es probable que el almuerzo consista en un guiso de carne hervida con verduras, pero tal vez toda la familia haya optado por carne salada de cerdo, venado o pescado para mantenerse a mitad de la jornada.

- Si resulta que es tiempo de cosecha, ella y toda tu familia estarían en el campo recogiendo los cultivos que están listos para ser utilizados o comercializados como excedentes. Es un trabajo duro, pero por suerte, almorzaron ese guiso.

- A última hora de la tarde o por la noche, hay que volver a alimentar a los animales y traer a los que están en el campo desde los pastos. Probablemente ella deba ayudar con esa tarea.

- La cena ya se está cocinando en el fuego, dentro de casa, en un asador. Los hermanos pequeños están jugando con los hombres de palo que han hecho, convirtiéndolos en feroces guerreros con lanzas que van tras un jabalí. Antes de sentarse alrededor del fuego, se enjuaga con un trapo mojado y su familia charla sobre las distintas tareas del día y lo que todos piensan hacer con sus cosechas. El asado está hecho, y todos comen con las manos, saboreando la grasienta delicia de la carne.

- Cuando todo el mundo está lleno, se entierra el cadáver y llega la hora de dormir. La niña se acurruca en el montón de mantas y pieles que probablemente comparte con sus hermanos y se quedas profundamente dormida, con la mente y el cuerpo deseando descansar. Todavía es temprano para nosotros, los que disponemos de electricidad, pero ella se levanta con el sol y trabajas todo el día. Es mejor dormir temprano para tener energía suficiente para volver a hacerlo todo.

Artesanos celtas

Además de ser hábiles cazadores, pescadores, recolectores y, lo que es más importante, agricultores y domesticadores de animales, no podemos pasar por alto la propensión de los celtas a crear arte e incluso a impregnar objetos ordinarios con magníficas decoraciones. Los celtas fabricaban intrincados adornos personales, como broches, que utilizaban para sujetar sus capas alrededor de los hombros. También hacían collares llamados torques, como el collar Broighter. Es el ejemplo más famoso de orfebrería irlandesa al estilo irlandés/celta durante la Edad de Bronce.

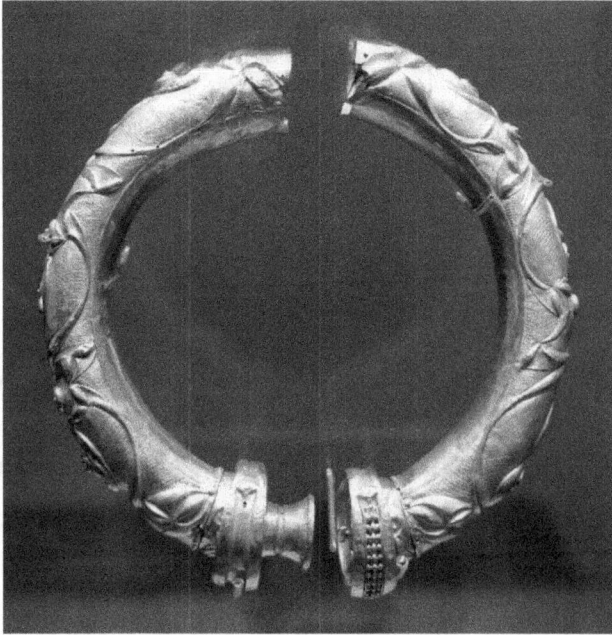

Collar Broighter de oro (torque)

Los celtas también hacían extraordinarios los objetos ordinarios dándoles un toque artístico extra. Las lanzas y espadas se grababan con diseños arremolinados y, a veces, con animales como ciervos, lobos, osos y zorros. Las empuñaduras de las espadas también llevaban incrustaciones de piedras semipreciosas o materiales como hueso, marfil y ámbar, y a menudo también estaban talladas de forma intrincada. Hay varios ejemplos de estas empuñaduras minuciosamente talladas en espadas celtas pesadas. En ellas se representaba una forma humana, y el torso era donde el empuñador colocaba su empuñadura, con los brazos y las piernas del humano ayudando a estabilizar la espada durante la batalla. Los celtas tenían una veneración especial por la cabeza humana (que los griegos y los romanos enfatizaron de formas extrañas que pueden o no ser ciertas), y el pomo de la espada se hacía a veces en forma de cabeza humana. Muchos de estos pomos de cabeza humana llevaban expresiones temibles y grotescas, pero otros eran más neutros y sosos. Probablemente dependía de lo que prefiriese el guerrero al encargar una espada.

Las espadas celtas se decoraban con dedicación, pero también sus vainas (la funda de un arma afilada). Toda la superficie podía decorarse. Como las vainas eran de un material más blando que el hierro o el bronce, como el cuero o la madera, resultaba más fácil trabajar con ellas para crear diseños intrincados. Los dragones girando y enroscándose eran motivos populares y se encontraban en muchas vainas. Otros diseños populares incluían enredaderas trepadoras y enroscadas, algunas de ellas con figuras de animales ocultas o escenas famosas de la mitología celta.

Con el tiempo, los caballos adquirieron una gran importancia para los celtas, que también los utilizaban para tirar de los carros de guerra. Por ello, las bridas, las sillas de montar, las anillas de los carros, las riendas y cualquier otra parafernalia relacionada con los caballos se decoraban para los jefes y los guerreros celtas de alto rango que los encargaban. Los diseños que adornaban estos caballos y sus equipos eran espirales y nudos, los motivos florales antes mencionados y, a veces, escenas de una batalla.

El oro era un material muy popular para joyas, torques, anillos (dispositivos utilizados para sujetar el pelo), broches e incluso elegantes aperos de montar para los jefes.

El estilo artístico celta también era evidente en los tejidos e incluso en las herramientas. Los celtas decoraban sus herramientas, que luego utilizaban para decorar otras cosas en sus casas. Hay algo intrigante en embellecer un objeto ordinario, ya sea con un propósito espiritual, para marcar una posesión o simplemente por su belleza.

SEGUNDA PARTE:
Mito, folclore y religión

Capítulo 4: Dioses y diosas paganos

Ningún material sobre los celtas estaría completo sin hablar de su panteón de fascinantes dioses y diosas. Estas entidades desempeñaban papeles de enorme importancia en la vida de los celtas, ya que se ocupaban de sus asuntos cotidianos, interactuaban con la naturaleza y creaban utensilios que invocaban la buena suerte o la reverencia a estas deidades.

Los que tomaban las decisiones, los nobles y los druidas estaban aún más influidos por este poderoso panteón. Muchas familias nobles insistían en que su linaje se remontaba a la raza sobrenatural a la que pertenecen los dioses y diosas, los Tuatha Dé Danann —hablaremos más sobre ellos más adelante. Echemos un vistazo a las deidades más importantes e interesantes que conforman los principales actores de la creencia y el misticismo celtas.

El Dagda

El Dagda es el patriarca del panteón celta. Se parece al dios nórdico Odín en que es el responsable de engendrar a muchos, es el dios de la sabiduría y lleva un bastón. Pero aquí acaban las similitudes entre ambos.

El Dagda es el típico dios ecuánime con un sentido del humor despreocupado. Los humanos pueden bromear a su costa, y su misericordia le permite apreciar la broma y no buscar venganza. Los epítetos utilizados por los celtas para referirse a Dagda incluyen palabras y frases con los siguientes significados: el gran dios, el fértil, el gran padre, el padre todopoderoso y el señor del gran conocimiento.

Además de su barba y su larga capa, que son las únicas características que definen su aspecto, junto con su enorme tamaño, el Dagda está asociado a varios objetos poderosos. Los objetos más importantes que posee el Dagda son su bastón, su caldero y su arpa.

Con el bastón, que es extremadamente largo, puede matar a muchos hombres solo con el extremo del arma. Pero si el Dagda lo desea, puede resucitar a los muertos con el mango del bastón. Literalmente, tiene el poder de la vida y la muerte en sus manos. El bastón es la principal razón por la que Dagda es tan poderoso y puede ahuyentar a los fomoré, una raza mitológica de criaturas mágicas que los druidas creían que habitaban Irlanda antes de que sus dioses los derrotaran. En realidad, no está claro, debido a los problemas de traducción, si el Dagda empuña un bastón, un garrote o un mazo. Todos los expertos de la tradición celta coinciden en que contiene el poder de la muerte y la vida y que es un arma del tamaño del Dagda.

El segundo artefacto que se sabe que posee el Dagda es un caldero apodado «el caldero sin fondo», ya que siempre está lleno. Nadie se irá con el estómago vacío después de comer de ese caldero: no tiene fondo, y no solo eso, sino que puede albergar a una docena de humanos, ya que en el propio cucharón caben cómodamente dos. El caldero puede considerarse un símbolo del dominio de Dagda sobre la agricultura y las estaciones. El caldero nunca estaba vacío, por lo que se puede extrapolar de esta idea que su deseo para los celtas era que no hubiera hambruna, sino siempre abundancia.

¿Cómo controlaba el Dagda el cambio de las estaciones? Tenía un arpa de roble con la que mantenía las estaciones a su debido tiempo. Algunas leyendas dicen que el arpa agitaba los corazones de los hombres para que fueran valientes al lanzarse a las batallas. El Dagda también tenía árboles frutales que siempre producían.

¿Dónde se podía encontrar al Dagda, su poder y sabiduría, y toda esta abundancia? Newgrange es una tumba de la Edad de Piedra situada al este de Irlanda. Se dice que este monumento, que sigue recibiendo unos cientos de miles de visitantes al año, es el hogar del Dagda. Se diseñó para que, en el solsticio de invierno, la luz del sol brillara a través del agujero construido en el techo e iluminara sus pasadizos. Ha sido un lugar de culto y significado pagano durante más de cinco mil años.

La Cailleach

A la Cailleach también se la conoce simplemente como «la vieja», y es la diosa del invierno. No es de extrañar que un lugar con inviernos tan húmedos, sombríos y a veces prolongados como Irlanda tenga su propia diosa para esa estación en particular.

La Cailleach

Sin restricciones;
https://commons.wikimedia.org/wiki/File:Wonder_tales_from_Scottish_myth_and_legend_(191
7)_(14566397697).jpg

Su dominio sobre la estación invernal comienza justo después del final de lo que hoy conocemos como Halloween, el 31 de octubre, que los celtas iniciaron y aún llaman Samhain. En realidad, la Cailleach controla la duración del invierno, y por eso era tan importante para los celtas no caerle mal. Si algo disgustaba a la vieja del invierno, podía hacer que los vientos soplaran con fuerza sobre la tierra y sumirla en un invierno más largo y profundo.

A pesar de que la apodan la vieja y de que tiene un aspecto bastante alarmante, al igual que el Dagda, se la representa como una personalidad en el lado neutro del espectro; no es ni buena ni mala. Esos atributos suelen reservarse para deidades menores, criaturas místicas y humanos. La Cailleach tiene un solo ojo y la piel extremadamente pálida, del color de la nieve, pero es extremadamente poderosa, a pesar de tener una extraña forma coja de saltar y escalar el paisaje. Puede incluso excavar valles y crear montañas. Esta descripción la hace parecer una giganta, del tamaño incluso del Dagda. Las rocas y los desprendimientos de tierra pueden salirse de su delantal, donde sujeta estas estructuras.

El aspecto más importante de Cailleach es su velo. De hecho, en gaélico irlandés y escocés actual, su nombre significa literalmente «vieja». Sin embargo, la etimología del término es mucho más antigua, pues originalmente significaba «velo». La Cailleach es, de hecho, también conocida como «la vieja que lleva velo» y la más halagadora reina del Invierno. Se dice que el antiguo significado gaélico de «velo» procede de la raíz latina *pallium*, que significa capa de lana.

Al igual que el Dagda, la Cailleach también tiene un bastón, aunque este carece del poder de conceder vida y resurrección instantáneas. Congela el suelo o lo que toca. Según la tradición escocesa, también lleva un martillo para destrozar y dar forma al paisaje. La Cailleach no tiene cuernos, como a veces los tiene el Dagda, pero controla a los ciervos y otros animales con cuernos. Los pastorea e incluso cuida de ellos durante los duros meses de invierno. Esto la convierte en la segunda deidad más importante del panteón celta. Al Dagda se lo llama el padre de los dioses, y a la Cailleach se la considera la madre.

Se dice que el hogar de la Cailleach está en la península de Beara o cerca de ella, en el sur de Irlanda.

Como la Cailleach controla el invierno, trabaja junto con la diosa Brigid, que gobierna el verano. Según algunas leyendas, son la misma diosa y Brigid toma el relevo cuando termina el invierno y viceversa. Otras leyendas comparan a la Cailleach con una deidad mucho más inhumana que Brigid y dicen que se convierte en piedra cada año cuando termina su trabajo, permitiendo que la humanoide (y mucho más agradable estéticamente) Brigid gobierne las estaciones más cálidas.

Brigid

La Cailleach gobierna durante el invierno y Brigid durante el verano. Brigid es la hija del Dagda, y hay cierta confusión sobre si Brigid (o Brigit o Brighid) era una diosa o una diosa trina; sin embargo, la mayor parte de la literatura y las tradiciones orales transmitidas dicen que esta

Brigid, la diosa del verano, era también la diosa de la sabiduría, los poetas y la protección. Sus dos hermanas, también llamadas Brigid, se llamaban Brigid la médica o sanadora y Brigid la herrera. Por eso a veces se la considera una diosa trina o tripartita, que sería una entidad con tres funciones diferentes.

Brigid, representada en 1917

Sin embargo, la literatura posterior escrita por los cristianos de Irlanda sugiere que «Brigit» era el título de una diosa, por lo que Brigid bien pudo haber sido tres hermanas distintas.

Así como la estación de Cailleach se recibe al final de Samhain, la de Brigid se inicia en Imbolc, el 1 de febrero de cada año. Es entonces cuando la bruja deja su bastón y, según muchas leyendas, se convierte en piedra hasta el próximo Samhain. Ahora es el turno de Brigid.

Sus principales funciones son la curación, la protección y el cuidado de los animales domésticos. Mientras que el Cailleach cuida de los ciervos y los animales salvajes, ocupándose también del ganado durante los meses de invierno, Brigid actúa como pastor del ganado doméstico de los celtas, alertándoles si hay alguna enfermedad que se propague entre ellos y manteniendo los rebaños unidos.

Cuando se fusiona con sus dos hermanas en una sola entidad, se convierte en la diosa de la curación y la herrería, lo que la convierte en una persona de gran talento. Brigid se asocia con la primavera porque Imbolc, que es su celebración anual, venera la fertilidad y es tradicionalmente el comienzo de la estación en la que las ovejas empiezan a parir. Como patrona de los animales domésticos y de la fertilidad, Brigid está muy ocupada durante los meses de primavera.

Cualquier sección sobre la diosa Brigid estaría incompleta sin la mención de santa Brígida de Kildare, que los católicos fusionaron con la diosa celta Brigid. Aún existen algunos roces entre las comunidades católica y pagana, que siguen celebrando el 1 de febrero como Imbolc en lugar de la fiesta de Santa Brígida.

La Morrigan

La Morrigan es otra deidad celta que en realidad pueden ser tres diosas separadas o una única deidad con tres facetas o aspectos principales. La Morrigan puede compararse con el dios griego Ares, el dios de la guerra. Se entromete y agita los corazones de los hombres, lo que conduce a conflictos, batallas y, en última instancia, a la muerte. Se la conoce como la diosa de la guerra y la muerte. Sin embargo, como la Morrigan es la esposa de Dagda, y ambos son poderosas deidades guerreras, su unión se celebra en Samhain, cuando se da la bienvenida al Cailleach.

La Morrigan tiene el poder de transformarse en cualquier ser vivo, incluidos los bellos y terroríficos humanos, peces, pájaros, mamíferos o incluso el viento, que, según los celtas, podía considerarse vivo. Su apariencia típica inspira terror y temor, ya que es la diosa de la guerra y la muerte. Sin embargo, puede adoptar la apariencia que desee ante quien la vea, ya sea la de un lobo, un cuervo, una mujer joven, una horrible bruja o cualquier otra. Según el *Táin Bó Regamna*, una historia que relata un robo de ganado y que forma parte de todo un género de relatos celtas escritos mucho más tarde, describe a la Morrigan como una mujer pelirroja con un manto rojo, que recuerda a Melisandre de *Juego de Tronos*.

No se conservan representaciones de la Morrigan de la época de su apogeo, lo cual, si nos atenemos a las terroríficas descripciones, podría ser lo mejor. Dado que puede aparecer de la forma que quiera, ¿tiene realmente una forma verdadera?

La Morrigan y el Dagda son la verdadera definición de una pareja poderosa, y tuvieron varios hijos juntos, incluida Brigid. Tienen tres hijos: Aengus, Cermait y Aed, y otra hija, Bodb Derg. Sin embargo, que estén casados no significa que el Dagda y la Morrigan sean fieles el uno al otro. La Morrigan tuvo hijos con otros, y es famoso su intento de seducir a uno de los héroes celtas más famosos, Cú Chulainn, pero fracasó.

Cuenta la leyenda que el Dagda se preguntaba cuál sería la mejor manera de ganar una batalla, una época que con el tiempo se celebraría como Samhain. Había una mujer bañándose en el río Unis, en Connacht, que no estaba lejos de su casa, sobre todo si él era un gigante. Era atractiva y él quedó prendado de ella casi de inmediato. La mujer le dijo cómo ganar su batalla. Se casó con ella, y esa mujer, la Morrigan, y el Dagda predijeron lo bien que iría la cosecha cada Samhain cumpliendo con sus deberes maritales.

Es una yuxtaposición interesante: el Dagda es más temido que admirado, aunque controla casi todos los aspectos de la vida y la muerte. La Morrigan, en cambio, es más compleja, pero tiene menos control. Es la diosa de las sacerdotisas, los hechizos, la adivinación, la guerra, los conflictos, el derramamiento de sangre y la violencia. No tiene el poder de resucitar, a diferencia de su esposo, el señor de la agricultura, las estaciones, el tiempo, la vida y el renacimiento.

Cernunnos

Cernunnos es un dios de la religión celta que parece más antiguo y un poco más oscuro que los anteriores. Esencialmente, su nombre significa «el cornudo», y se lo conoce como el dios de todas las cosas salvajes. Suele ir acompañado de un ciervo; el propio Cernunnos tiene dos cuernos.

Cernunnos

Esto puede resultar confuso, ya que Brigid cuida de los animales domésticos, y el Cailleach también cuida de los animales, pero Cernunnos no tiene un periodo de inactividad durante el año como las diosas mencionadas. Está activo todo el año.

Cernunnos prefiere la vida con los animales, lejos de los humanos, en lo profundo del bosque. Aunque Cernunnos parece misterioso, podría ser incluso más antiguo que la Dagda y la Morrigan, ya que se han encontrado representaciones suyas en el arte desde Rumanía hasta Irlanda. De hecho, cuando los cristianos llegaron a Irlanda, ya se le rendía culto. No es raro que la devoción a determinados dioses y diosas aumente y disminuya con el tiempo, y Cernunnos parece ser uno de los dioses originales de los primeros celtas, así como uno de los más populares hacia el final del dominio celta en Irlanda.

Se lo asocia con la fertilidad, el bosque, la flora y la fauna. Se lo puede comparar con el dios griego Dioniso por su amor al bosque, pero ahí se acaba la comparación. A Cernunnos no le preocupan las estridentes celebraciones a la luz de la luna en su honor, y prefiere la compañía de los animales a la de los humanos. Esto no significa que Cernunnos el cornudo no haya sido venerado tanto como se merece: es una de las figuras más representadas en el arte celta a lo largo de toda la

Edad del Bronce y la Edad del Hierro. Es fácilmente reconocible por sus cuernos de ciervo.

Cuando Julio César escribió sobre los «celtas bárbaros», comparó a Cernunnos con Dis Pater, el padre romano de Júpiter (Zeus). De este modo, también podemos ver que Cernunnos es quizás incluso más antiguo que el Dagda y es donde se origina el panteón principal de deidades celtas.

Una teoría interesante sobre el origen de la idea de un demonio con cuernos en la tradición cristiana es la de los monjes cristianos que llegaron a Irlanda. El culto a Cernunnos había ido ganando adeptos durante un tiempo, y los cristianos llegaron a llamarlo el Anticristo y a utilizar su imagen cornuda como representación del diablo (un monstruo con cuernos es una construcción medieval de Lucifer; antes solo era un ángel caído). Es probable que varios factores confluyeran para vilipendiar al «salvaje del bosque», y es muy posible que esta sea una consecuencia de la calumnia.

Aunque Cernunnos es conocido hoy en día como una deidad celta importante debido a la reacción de los cristianos más tarde, así como las persistentes representaciones de él a lo largo de la historia celta en piezas de arte, es posible que nunca fuera un dios en primer lugar. No hay casi nada escrito sobre él en las fuentes celtas. Ninguna de las obras literarias o artísticas que se conservan identifican al cornudo como un dios, por lo que es posible que se trate de un gran error de identidad. Cernunnos podría ser simplemente un chamán venerado, un druida con enorme poder y sabiduría con un culto propio (que incluye sacrificios de animales y a veces humanos) simplemente por sus propios logros humanos, que se han perdido en los anales del tiempo. Esto simplemente se añade al misterio de los druidas, los celtas, y su antigua religión pagana.

Lug

Lug es un dios conocido por su dominio de las habilidades atléticas; de hecho, uno de sus apodos, Samildanach, significa literalmente «igual de bueno en todas las habilidades/artes». El origen de su nombre, Lug o Lugh, es confuso, y ningún erudito se pone de acuerdo sobre su procedencia. Algunos dicen que proviene de una raíz que significa «jurar un contrato», mientras que otros dicen que proviene de una raíz que significa «luz intermitente». Los argumentos a favor de unos y otros son débiles en el mejor de los casos; una vez más, esto no hace sino aumentar el misterio de la teología celta que quizá nunca lleguemos a descubrir.

A menudo se representa a Lug montando a caballo y blandiendo una lanza. Es famoso por ser bueno en todo, pero lanzar lanzas es una habilidad especial que practica a diario. Lug es más grande que un humano, pero no se lo considera un gigante como el Dagda. En una de las leyendas del famoso héroe irlandés Cú Chulainn, se describe a Lug como alguien de aspecto joven, con el pelo rubio rizado y vestido con una capa verde. Por supuesto, va sentado a caballo. También lleva una lanza de cinco puntas y una jabalina en la misma mano.

A pesar de la letalidad de las armas favoritas de Lug (de hecho, eran las armas de caza preferidas de los celtas), la mayoría de las veces hace juegos y concursos con ellas en lugar de provocar derramamientos de sangre.

Lug es hijo del dios Cian y de la diosa Eithné, y esto es notable porque Eithné es hija de Balor. Balor es el soberano de los fomoré, las desagradables bestias que habitaban Irlanda antes de que las deidades, los Tuatha Dé Danann, los expulsaran. Lug acaba matando a su abuelo Balor. En algunas leyendas también se menciona a Lug como el padre de Cú Chulainn, siendo la madre de este una mujer mortal. Esto explicaría la fuerza, astucia y habilidad como guerrero de Cú Chulainn, aunque eso lo mencionaremos un poco más adelante.

A veces, Lug es recordado como un dios embaucador, un poco como el dios nórdico Loki. Se dice que cuando se producen tormentas eléctricas, los rayos y truenos son Lug y Balor luchando.

Epona

En pocas palabras, Epona es la diosa de los caballos. La raíz gala (recordemos que el gaélico y el gaélico irlandés se separaron de un grupo lingüístico gaélico mayor) *epo-* significa caballo. El sufijo *-ona* significa sobre. Ella está literalmente «sobre un caballo». Puede parecernos una tontería que la gente tenga una diosa totalmente dedicada a los equinos (caballos, burros y mulas), pero esto tiene mucho sentido para una cultura de la Edad de Piedra y de Bronce durante una época en la que se estaban descubriendo e implementando en la vida cotidiana desarrollos monumentales en la agricultura, el pastoreo y la guerra. El caballo era fundamental en la vida celta. Con el tiempo, la devoción a Epona llegó hasta Roma. El Imperio romano la veneraba, a pesar de que originalmente era una diosa celta.

La diosa Epona con sus caballos

Cuando se representa a Epona, suele ir acompañada de un caballo o un asno con la mano apoyada en su cabeza, sentada regiamente junto a la bestia.

Epona era venerada en los pueblos celtas, donde las familias disponían de uno o dos caballos y algunos asnos para ayudar en el trabajo y vigilar sus tierras. Se acudía a Epona cuando una yegua estaba de parto para que el potro naciera sano y para que la yegua se recuperara rápidamente.

Aunque era una diosa celta, hay que recordar que los galos y los celtas formaron un solo pueblo en una época, y que seguían estrechamente relacionados en lengua y cultura. Los galos confiaban mucho en su culto a Epona por su feroz caballería, que derrotaba una y otra vez a los conquistadores romanos. Así, Epona se convirtió en diosa patrona de las caballerías militares debido a su dependencia de sus nobles monturas. Cuando los romanos tomaron el poder, adoptaron a Epona en su panteón y la rebautizaron Augusta.

Goibniu

Muchos dioses y diosas celtas eran guerreros, y lo que más necesitaban era metal y reparaciones para sus armas. Aquí es donde entra Goibniu. Es el dios de la orfebrería y, como tal, era el dios patrón de los herreros humanos. Pero lo más importante es que era el herrero de los Tuatha Dé Danann. El panteón celta necesitaba armas, lanzas, mantenimiento de equipos y, por supuesto, herraduras.

¿Quién mejor para equipar a los dioses y diosas con sus objetos de metal que un dios de la herrería? Goibniu también está incluido en el trío de los dioses del arte, que también incluye a un platero y a un carpintero. Este trío fue esencial para que los Tuatha Dé Danann derrotaran a los fomoré (de lo que hablaremos más tarde, no se preocupe).

Aparte de su papel absolutamente crucial como herrero de los dioses, Goibniu también es conocido como maestro cervecero y por su legendaria hospitalidad. Como tal, era el dios patrón de taberneros, cerveceros y posaderos. Su habilidad para organizar banquetes para los dioses y diosas le ha valido un lugar sin dramas en el panteón. Un dato curioso que hace aún más interesante a Goibniu es que, durante una batalla, uno de los hijos de Brigid lo apuñaló con una lanza. Goibniu simplemente retiró la lanza, apuñaló con ella al hijo de Brigid y lo mató.

Ériu

El propio nombre de Ériu es la raíz del nombre de la tierra de Irlanda, que en gaélico irlandés moderno es Éire. Es la encarnación de la tierra de Irlanda. Se dice que los míticos milesianos fueron los primeros humanos que habitaron Irlanda y acabaron convirtiéndose en los celtas. Sabemos que todo esto es una leyenda. Irlanda tuvo habitantes humanos normales antes de la llegada de los celtas, pero no tenemos muchos datos arqueológicos que nos permitan saber quiénes eran realmente.

Sin embargo, según la mitología celta, los Tuatha Dé Danann habitaron Irlanda antes que los humanos, y fueron los milesianos quienes los obligaron a esconderse. Los dioses y diosas seguían presentes y trabajando, pero no eran los habitantes dominantes de la tierra. Al igual que la Dagda, los dioses y diosas habitaban túmulos funerarios, arboledas sagradas y otros lugares sagrados para los celtas, en lugar de desfilar por la tierra como hacían antes de que los milesianos los derrotaran.

Esto es importante porque las últimas palabras de Ériu antes de ser conducida bajo tierra con el resto de los Tuatha Dé Danann es que la tierra llevaría su nombre. Ériu escaló una colina llamada Uisneach, que en la actualidad es el centro sagrado de Irlanda para los paganos. La colina se encuentra en el condado de Westmeath. En la colina de Uisneach, Ériu exigió a los milesianos que bautizaran la tierra con su nombre, y así fue. Desde entonces, se la conoce como Éire.

Ériu es la diosa de la fertilidad y la abundancia. La raíz de su nombre significa abundancia o generosidad, lo que tiene mucho sentido, ya que las verdes colinas y las fértiles tierras de cultivo de Irlanda perduran hasta nuestros días. También se la conoce como la diosa de la soberanía, ya que consiguió que toda la isla llevara su nombre. Como tal, también tiene la responsabilidad y el privilegio de ser la diosa matrona de la propia tierra de Irlanda.

Áine

La última deidad de esta lista merece un lugar porque es una de las diosas más veneradas de Irlanda occidental. Varios lugares llevan el nombre de Áine por todo el condado de Limerick, entre ellos la colina de Cnoc Áine y al menos otros tres nombres de pueblos. ¿Por qué es tan querida Áine? Es la diosa del calor, la fertilidad y el sol. Estas tres cosas eran muy importantes para los pueblos antiguos, especialmente para los celtas. Sin estos tres aspectos del mundo natural, sobrevendría la muerte.

El solsticio de verano se celebra en honor de Áine; la última fiesta de la que se tiene constancia tuvo lugar hace menos de doscientos años. Áine no solo es querida por las características que representa (cosecha abundante, nuevo crecimiento, riqueza y prosperidad), sino también por su personalidad. Se dice que fue violada por un rey, pero le arrancó la oreja de un mordisco para que todo el mundo supiera lo que había hecho. En la actualidad, muchas familias irlandesas cuentan con antepasados de la diosa Áine.

Capítulo 5: Fiestas tradicionales celtas

Como muchas culturas y tradiciones antiguas, los festivales y fiestas celtas seguían la luna en lugar del sol. El calendario gregoriano, que hoy utilizamos en todo el mundo, no se adoptó hasta la época de Shakespeare. Es por ello que, incluso en fechas tan recientes como la Edad Media, se disputan a menudo las fechas concretas de acontecimientos importantes (el calendario juliano era el calendario solar en uso antes de que se adoptara el gregoriano).

Los judíos, los musulmanes, los chinos y los paganos siguen utilizando la luna para dictar las fechas de sus fiestas importantes, lo que significa que las fechas de estos festivales cambian cada año. Los celtas no eran diferentes. Aunque sus fiestas y festivales tradicionales se basaban en las estaciones, acontecimientos como los solsticios de invierno o verano no caen en la misma fecha gregoriana cada año.

Hay que decir que las celebraciones modernas de las fiestas celtas tradicionales sí tienen fechas fijas (Samhain el 1 de noviembre, Imbolc el 1 de febrero, etc.) debido a la cristianización de Irlanda, ya que los sacerdotes y misioneros intentaron ser más comprensivos con los celtas alineando el Día de Todos los Santos y la Fiesta de Santa Brígida con Samhain e Imbolc. Así pues, en el mundo moderno estos dos días tienen fechas específicas.

Sin embargo, como los antiguos celtas no marcaban el tiempo del mismo modo que nosotros, sino que se basaban en el sol, la luna, las estrellas y los cambios estacionales para marcar el año, estas importantes fiestas caían cada vez que se producía un acontecimiento estacional significativo. Y como estas tradiciones eran tan antiguas y los celtas construyeron monumentos como Newgrange para marcar los solsticios y equinoccios, podían seguir los movimientos del año y celebrarlos en consecuencia.

Aquí trataremos los cuatro festivales celtas tradicionales esenciales, así como cuatro festivales menores. Todos ellos eran acontecimientos importantes para marcar diferentes aspectos de lo que ocurría en la naturaleza alrededor de los celtas, para honrar a sus deidades y para obtener el favor de las nuevas estaciones. La comunidad pagana moderna que se identifica como druidas y brujas practicantes modernos celebra estas fiestas en la actualidad, aunque de forma muy diferente (hay menos sacrificios, para empezar). Hay ocho fiestas principales en la rueda del año celta, y una rueda de ocho radios, muy parecida a la del budismo, es utilizada por los neopaganos para representar el ciclo anual. Veamos cómo celebraban los antiguos celtas estas ocho importantes fiestas.

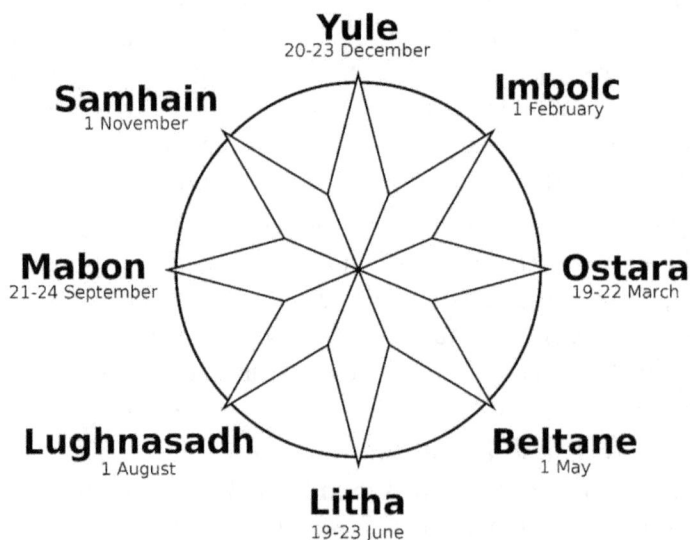

La Rueda del Año
https://commons.wikimedia.org/wiki/File:Wheel_of_the_Year.svg

Yule

Yule se celebra con la llegada del solsticio de invierno. Debido al acortamiento de los días, representaba el renacimiento del sol (y de cualquier deidad que los pueblos de las Edades de Piedra y Bronce asociaran con el sol) y era un presagio que anunciaba el regreso del nuevo crecimiento y la primavera. No se veía como una época estéril y vacía, sino como un tiempo de esperanza para nuevos comienzos, un tiempo para que el sol descansara y pudiera regresar en toda su gloria para revivir la tierra y ayudar a florecer a todos los seres vivos.

Con el tiempo, las asociaciones con Yule, el solsticio de invierno, cambiaron. Los celtas, sin duda ayudados por su representación de la bruja invernal Cailleach, empezaron a asociar el comienzo del invierno con la muerte y la crudeza que trae consigo. Seguían celebrando Yule en yacimientos de la Edad de Piedra como Newgrange y Stonehenge, pero la idea era más sombría y menos llena de esperanza que cuando se celebraba en generaciones pasadas.

Si Yule le resulta familiar, a veces utilizamos el término *Yuletide* para describir la llegada de la Navidad. La asociación de plantas de hoja perenne, acebo y sus bayas, muérdago, hiedra y coronas proviene de esta antigua festividad. Los celtas hacían coronas y unían ramitas de estas plantas de invierno y las daban como ofrenda. También las utilizaban para decorar sus casas. Además, decoraban los árboles, ¿le parece familiar?

Para contrarrestar la tristeza del invierno, que es otro nombre para Yule y el solsticio de invierno, los celtas celebraban muchas fiestas en sus casas y en las de sus familiares y amigos. También hacían regalos. Si esto le suena a Navidad, es prácticamente lo mismo, menos la tradición de colgar calcetines. Además, hoy en día no solemos sacrificar animales a ninguna deidad durante la Navidad.

Imbolc (Primavera)

Esta festividad, conocida modernamente como la fiesta de Santa Brígida, coincide con el Día de la Marmota norteamericano, que se celebra un día después. Ambas simbolizan la inminente llegada de la primavera, que es como comenzó la asociación. Sin embargo, Imbolc es la celebración original de la diosa Brigid, y se sitúa justo entre el solsticio de invierno y el equinoccio de primavera.

Imbolc se celebraba para dar paso a la primavera tras el largo invierno. Aunque el tiempo aún recuerde a su gélido carácter invernal, al dar la bienvenida a la primavera el 1 de febrero, los celtas esperaban con optimismo tiempos más cálidos y fértiles. Como Brigid, hija del Dagda, es la diosa de la riqueza, la prosperidad, los animales domésticos y la fertilidad, es la patrona perfecta para la primavera. Como hemos dicho antes, hay varias maneras de contar la historia, pero Brigid controla la mitad luminosa del año, tomando el manto del tiempo y las estaciones de la Cailleach, que controla la mitad oscura del año.

No ha sobrevivido mucha literatura de la misma época que las antiguas prácticas celtas de Imbolc, pero un tema continuo es el embarazo de las ovejas y el nacimiento de los corderos por estas fechas. Ya hemos hablado de la importancia de las ovejas para los celtas como fuente de lana, carne y, a veces, leche. Como las ovejas parían antes que el ganado, la llegada de los corderos estaba inextricablemente ligada a la llegada de la primavera.

Ostara

Aunque Ostara tiene lugar en el equinoccio de primavera, Imbolc es la fiesta asociada a la llegada de la primavera. Como los días empezaban a alargarse, Ostara era una celebración de la llegada de esos días luminosos, y no solo un símbolo de esperanza en la llegada de tiempos más cálidos. Ostara solía llegar durante lo que ahora es la tercera semana de marzo en el calendario gregoriano, que sería el momento en el que las verdes colinas de Irlanda y toda su gloria natural se mostraban en todo su esplendor.

Esta festividad no es tan antigua como las demás, ya que se tiene constancia de su celebración en torno al siglo VIII. Se trata de una grafía corrupta del nombre de la diosa Eostre, de la que algunos dicen que procede el nombre de Pascua (hay muchas teorías etimológicas para el nombre Pascua; esta es simplemente la que procede de Gran Bretaña e Irlanda). Eostre es una diosa germánica que representa la primavera. Al ser importada, es lógico que su festividad se añadiera más tarde al calendario celta. Sin embargo, se la asocia con conejos y huevos, símbolos de fertilidad.

Beltane (verano)

Beltane suele celebrarse en torno al 1 de mayo, entre Ostara (equinoccio de primavera) y Litha, una de las principales fiestas solares celtas. Su celebración por los celtas estuvo influida en gran medida por las tribus germánicas, con alguna influencia romana. Los romanos veneraban entonces a la diosa Flora, y esta adoración se trasladó a Irlanda. En lugar de tener una diosa específica con el nombre de Flora, los celtas celebraban el concepto de fertilidad en general. La fertilidad era un aspecto clave de la vida antigua en todas las culturas, y los celtas no eran una excepción.

La celebración y la alegría estaban a flor de piel, llenas de hogueras por la pureza. La gente bailaba y hacía música alrededor de las hogueras, fomentando y celebrando la fertilidad. La razón por la que las hogueras eran tan importantes en los festivales celtas es que representaban el poder del sol, y los celtas creían que el fuego tenía propiedades purificadoras. En Beltane encendían dos grandes hogueras y paseaban al ganado entre ellas, purificándolo y asegurándose de que produjera mucha leche y terneros.

La iteración moderna de esta fiesta pagana consiste en bailar alrededor de *maypoles*, ponerse coronas de flores y celebrar la llegada del verano. Se conoce como Primero de Mayo.

Litha

Litha, o solsticio de verano, es el día más largo del año, y se celebra el sol en todo su poder y magnificencia. También se le llama solsticio de verano y suele coincidir con la tercera semana de junio. A los celtas les encantaban las hogueras, y Litha era un día especial para ellos. Los celtas encendían hogueras en lo alto de las colinas para que pudieran verse a kilómetros de distancia, y los más atrevidos intentaban saltar a través de las hogueras en el solsticio de verano para atraer la buena suerte. Parece un precio muy alto por la suerte, pero los pueblos antiguos eran muy meticulosos a la hora de asegurarse la prosperidad.

Algunas leyendas dicen que, al ser el día más largo del año, es una batalla entre la luz y la oscuridad. Al fin y al cabo, en la antigua tradición celta, el año se divide en dos: la mitad luminosa y la mitad oscura. Pero, por supuesto, inevitablemente, el lado oscuro del año gana; el día más largo del año acaba llegando a su fin, y los días se acortan a partir de Litha. Hay constancia de celebraciones en las que se prendía fuego a enormes ruedas que luego rodaban (e incluso corrían) colina abajo hasta las orillas de un río cercano. El fuego y la luz reinaban durante Litha, que significa «luz».

Lugnasad (Otoño)

Lugnasad es una de las tres fiestas de la cosecha que celebran los paganos, pero en la tradición celta, esta fiesta marcaba más recientemente el comienzo de la temporada de cosechas. Esta fiesta suele celebrarse el 1 de agosto, lo que la convierte en otra «fiesta de entremedio», esta vez entre el solsticio de verano y el equinoccio de otoño. Sin embargo, en la antigua práctica celta, Lugnasad caía entre la época de la cosecha y la de la siembra, lo que significa que la sociedad celta, mayoritariamente agrícola, estaba un poco parada. Así nació el festival de Lugnasad.

Como ya se habrá imaginado, la fiesta lleva el nombre del dios Lug, el maestro de todas las habilidades. Los celtas aprovechaban este tiempo de ocio entre la cosecha y la siembra para organizar juegos, reuniendo a distintos pueblos y comunidades para las competiciones. Estas competiciones tenían un carácter más ritual y religioso que deportivo, por lo poco que sabemos de ellas. Los investigadores creen que en ellas se lanzaban lanzas, tal vez flechas, quizá se cazaba y, sin duda, se utilizaba el fuego de alguna forma. Los celtas eran grandes narradores y hay pruebas de que representaban obras de teatro en honor de Lug y su derrota del tizón, que elimina las cosechas.

Estas festividades solían celebrarse en lugares elevados, como mesetas o cimas de colinas, que ofrecían a los participantes y espectadores una amplia visión para los ejercicios de representación y los sacrificios, que normalmente incluían los primeros frutos de la cosecha del pueblo y un toro.

Esta fiesta de la cosecha era tan importante que a menudo se organizaban mercados ambulantes y ferias para vender y comerciar con los excedentes de las cosechas y prolongar los festejos. Lugnasad era, sin duda, una fiesta en la que se podía pasar un buen rato y que hacía olvidar a la gente que aún no podían plantar nuevas cosechas en esta época intermedia.

Mabon

La celebración del equinoccio de otoño es una fiesta pagana de la cosecha, la segunda de tres. El nombre de Mabon no se utilizó hasta 1970, y es probable que los celtas no la celebraran como una fiesta importante. La mencionamos aquí porque está incluida en la Rueda del Año y, durante el equinoccio de otoño, no cabe duda de que los antiguos celtas celebraban la ocasión de alguna manera. Sin embargo, no creemos que se tratara de una gran fiesta en la que se encendieran hogueras. Era simplemente otra forma de marcar el paso de los días y puede que se celebrara de forma sencilla con frutas de otoño y una comida abundante.

Samhain (Invierno)

Samhain era posiblemente la fiesta celta más importante de la antigüedad. Esta festividad comenzaba la noche del 31 de octubre, pero se celebraba durante todo el día del 1 de noviembre hasta la puesta de sol. El 1 de noviembre era el comienzo oficial de la estación invernal, y esta es la tercera fiesta pagana de la cosecha en la Rueda del Año.

Samhain se pronuncia como *samain* o *samuin*, y la segunda pronunciación contribuye a la palabra moderna *Halloween* (*All Hallows' Eve*, acortada y corrompida con la parte —*ween* de Samhain). En este día, los celtas marcaban el final de la temporada de cosecha y se preparaban para el invierno, cuando el Cailleach volvería a reinar sobre la tierra.

Los celtas creían que si el Dagda y su esposa, la Morrigan, decidían emparejarse en el río donde se conocieron y se enamoraron por primera vez en Samhain, la siguiente cosecha sería abundante. Se emparejaran o no los dioses ese año, Samhain era siempre una ocasión estridente y alegre para los celtas, a pesar de ser una ceremonia de bienvenida al invierno.

Muchas culturas, sin exceptuar a los celtas, asociaban el invierno con la muerte: los cultivos no crecían en esa época y la caza escaseaba, ya fuera por la hibernación o por la migración. Sin embargo, esto no les impedía celebrar el Samhain. Como siguen creyendo los paganos hoy en día, los antiguos celtas creían que el velo entre el mundo real y el mundo de los espíritus era más delgado en la noche de Samhain (31 de octubre). Creían que no solo podían visitarles sus antepasados muertos, deseándoles suerte y prosperidad, sino que también podían molestarles fantasmas desagradables.

De ahí viene la tradición de llevar máscaras y disfraces. Si un espíritu o entidad maligna no puede reconocer al portador del disfraz, ¿cómo se supone que va a causarle daño? En la tradición celta se tallaban caras en nabos y se dejaban secar como cabezas encogidas, otro método para ahuyentar a los espíritus malignos. Este método evolucionó hasta convertirse en las actuales calabazas (los inmigrantes irlandeses utilizaron calabazas en el Nuevo Mundo en lugar de nabos).

Si nos remontamos a los antiguos celtas, muchos túmulos funerarios de la Edad de Piedra y de Bronce coinciden con esta antigua celebración que se sitúa a mitad entre el equinoccio de otoño y el solsticio de invierno. Es probable que los celtas, como hacían a menudo, construyeran enormes hogueras alrededor o encima de estos túmulos funerarios para dar la bienvenida a los espíritus de los muertos, así como para honrar lo último de la parte luminosa del año al tiempo que daban la bienvenida a la mitad oscura del año. Los túmulos eran muy importantes en Samhain porque se creía que los espíritus de los difuntos podían ir y venir durante esa noche.

Es probable que Samhain, como otras fiestas celtas importantes, incluyera sacrificios, sobre todo de animales, pero posiblemente humanos. Los registros de esta festividad no se establecieron con detalle hasta principios de la Edad Moderna, por lo que algunas de las prácticas que asociamos con el Samhain neopagano y con Halloween no tienen raíces que se remonten hasta la Edad de Bronce y de Hierro. Es casi seguro que los celtas celebraban esta importante ocasión con fuego, y es casi igual de seguro que animales como toros o cabras fueran sacrificados y/o purificados durante este festival. No cabe duda de que se celebraban banquetes y fiestas, ya que era un momento de celebración, una especie de último hurra antes de que la tierra empezara a helarse.

Samhain y Beltane están en extremos opuestos del año y eran las fiestas más importantes para los celtas. Esto no se debía tanto a las cosechas como a la importancia de la cría de ganado. Los celtas tenían un sistema de pastoreo de sus animales en campos de verano y de invierno, y la clara delimitación entre las dos mitades del año se debía principalmente a la necesidad de pastores y agricultores de cuidar de su ganado. La siembra y la cosecha de los cultivos eran esenciales para todas y cada una de las fiestas, pero la razón por la que estas dos fiestas son tan importantes (Samhain, el invierno, y Beltane, el verano) se debía al ganado, o así lo escribe el erudito del siglo XIX sir George Frazer.

Capítulo 6: Bestias y entidades mitológicas celtas

Todas y cada una de las culturas, modernas y antiguas, tienen sus propias criaturas que conforman leyendas, mitos y cuentos para dormir. Todavía hoy se habla de la mayoría de las siguientes criaturas y seres celtas con una pizca de incomodidad o incluso miedo para los más asustadizos. A otros les encantan las escalofriantes historias de monstruos y demonios, y tanto si le gustan estas historias como si le dan escalofríos, no dejan de ser fascinantes.

No todas estas criaturas son malas. Algunas son espeluznantes, otras aterradoras y otras simplemente divertidas. ¿Cuál es su favorita?

La *banshee*

La *banshee* es probablemente la criatura mitológica más conocida de Irlanda, aparte del duende. A menudo se la representa como una grotesca bruja de pelo blanco, fino y largo, con manos en forma de garra y vestida de negro. Sin embargo, a veces puede aparecer como una dama de edad indeterminada con un vestido blanco o como una mujer joven con un velo de luto.

Representación xilográfica de la banshee como una arpía
https://commons.wikimedia.org/wiki/File:Banshee.jpg

El aspecto más aterrador de la *banshee* no es cómo aparece o qué lleva puesto. Es su aparición, porque se dice que la aparición de una banshee y los lamentos que emite predicen la muerte. Si uno ve u oye a una *banshee*, él o alguien cercano morirá. Por eso la *banshee* es probablemente la criatura mítica celta más temida. Se dice que tiene los ojos enrojecidos e inyectados en sangre de tanto llorar, lo que resulta aterrador en el rostro demacrado de una mujer vestida con harapos en una ciénaga neblinosa.

Existe una teoría sobre el origen del mito de la *banshee* (aunque hoy en día mucha gente jura que las *banshees* no son un mito y que vagan por los páramos de Irlanda). En los antiguos rituales funerarios celtas (como en muchos lugares de Asia), se pagaba a algunas mujeres para que lloraran la muerte de una persona importante. Sus lamentos pasaron a conocerse como quejidos y, en la actualidad, utilizamos la palabra para describir un grito o llanto agudo que suelen emitir las águilas, así como los bebés o los seres humanos adultos.

La leyenda de la *banshee* sigue viva hoy en día en el campo, aunque su estatus de criatura mítica está siendo suplantado poco a poco por explicaciones racionales sobre la audición de sus quejidos. Hay quien dice que el aullido de la *banshee* es el grito de un conejo o un zorro, y si alguna vez ha oído alguno de esos dos sonidos, es una explicación acertada. Los defensores de la existencia de las *banshees* se preguntan, ¿cómo se explica entonces una muerte tan cercana después de escuchar el lamento de la *banshee*? ¿Coincidencia?

Dearg-due

El vampiro irlandés tiene forma masculina y femenina, pero esta historia en particular se refiere a la versión femenina.

La historia cuenta que había una vez una joven que estaba enamorada de un chico del pueblo, pero su padre no tuvo en cuenta en absoluto sus sentimientos. El padre prometió a su hija a un poderoso cacique, pero este no era el hombre que la mujer amaba. Él y su familia tenían fama de brutales y crueles.

El cacique y la hermosa joven se casaron y, por supuesto, hubo una gran celebración, pero la novia y su amor se sintieron desdichados. Y la vida familiar con el cacique no les proporcionaba ningún alivio. Encerraba a su novia durante días o semanas. Ella dejó de comer por sufrimiento y murió, y y el cacique se volvió a casarse rápidamente, aparentemente despreocupado. Al padre tampoco le importó. El cacique le había pagado un buen precio por la hermosa muchacha (ya fallecida).

La tumba de la difunta solo tuvo un visitante desolado: su amor, el hombre con el que no se le permitió casarse. Según la leyenda, el espíritu de la difunta abandonó la tumba porque su sed de venganza y su ira eran muy fuertes. Solo cabe esperar que el hombre al que amaba no viera este espectáculo aterrador.

El espíritu de la mujer, impulsado por su sed de venganza y su rabia ciega, se dirigió a la casa de su infancia y mató a su padre mientras dormía.

Su siguiente paso, como se puede imaginar, fue la casa de su malvado marido. Según la mayoría de las historias, cuando irrumpió en sus aposentos, probablemente con el aspecto de una pesadilla fantasmal, él estaba en la cama con varias mujeres, sin importarle en absoluto su sufrimiento ni su memoria.

La mujer-espíritu hizo caso omiso de las demás personas presentes en la cama, se lanzó sobre su marido y lo mató casi de inmediato. Luego procedió a hacer lo que no hizo con su primer asesinato: beberse toda la sangre del cadáver.

Después de drenarle la sangre, empezó a sentir una sed insaciable de sangre humana. Entonces se la conoció como *dearg-due* o chupasangre roja, y pasó su existencia no muerta atrayendo a los hombres con su belleza etérea a lugares oscuros para matarlos y chuparles la fuerza vital. Se dice que incluso se viste de rojo, para enfatizar su deseo más profundo.

Con cada muerte, la condenada *dearg-due* se volvía más y más voraz, el hambre y la sed de sangre cada vez más poderosos. Era conocida por ser insaciable. Uno se pregunta si su amor perdido, que visitaba su tumba todos los días, transfirió algunos de sus sentimientos de venganza y retribución a su espíritu, alimentando su propio deseo de venganza e impulsándola a levantarse para buscar su propia forma de justicia.

La versión masculina del vampiro irlandés solo se parece a la historia tradicional del monstruo no muerto en algunos aspectos. Existe una historia relativamente moderna (por lo que los antiguos celtas no habrían contado esta historia) sobre un enano malvado, Abhartach. Aterrorizó a la ciudad de Derry hasta que un héroe lo mató. Sin embargo, el héroe lo enterró en posición vertical (como se haría) y, al día siguiente, el enano regresó aún más malvado y déspota que antes. El héroe volvió a matarlo, pero ocurrió lo mismo.

Un sabio druida le dijo al héroe que matara de nuevo a Abhartach, pero que lo enterrara boca abajo para evitar que resucitara una vez más. Esta táctica funcionó.

La conexión con el vampiro viene con la idea de resucitar de entre los muertos, pero también tiene su lugar en otra leyenda relativa al enano vicioso y sediento de sangre. Bebe la sangre de los que están en la ciudad, otro rasgo vampírico. En lugar de un druida, un cristiano piadoso le dice al héroe que para matar al enano bebedor de sangre, el «muerto andante», debe apuñalarlo con una espada hecha de tejo y luego enterrarlo boca abajo. Pero también debe colocar una enorme losa de piedra sobre la tumba y rodearla de espinas, supongo que como precaución adicional.

Una cosa que llama la atención en la leyenda de Abhartach, paralela a la típica historia de vampiros, es que al héroe se le dijo que matara al enano con una espada de tejo. El tejo ha sido venerado durante milenios, especialmente por los celtas y sus druidas, por su asociación con el poder de la muerte y sus propiedades mágicas. Voldemort, de la serie *Harry Potter*, posee una varita hecha de madera de tejo.

El *dullahan*

Aunque a lo largo del tiempo y en muchos países y culturas diferentes aparece el concepto de un jinete sin cabeza, nos centramos, por supuesto, en la versión celta, el *dullahan*. Sin embargo, el *dullahan* tampoco es exclusivamente masculino, ya que esta entidad mágica también puede adoptar una forma femenina; no obstante, lo más habitual es que se represente como una figura masculina.

Este ser imponente y aterrador monta un caballo negro o es arrastrado en un carruaje negro por seis caballos negros. Este carruaje se conoce como la carroza negra o la carroza de la muerte. Viaja tan rápido por la noche que las ramas y arbustos cercanos se incendian.

El dullahan representado con un caballo sin cabeza

En cuanto a su apariencia, el *dullahan* viste todo de negro y siempre lleva consigo su cabeza. Se dice que esta cabeza tiene poderes sobrenaturales de la vista, que escudriña la tierra a grandes distancias en busca de las personas malditas de las que el *dullahan* pretende apoderarse. Se dice que la cabeza tiene ojos que se mueven de un lado a otro, de izquierda a derecha, constantemente. El *dullahan* también puede sostener la cabeza por encima de los hombros y utilizarla como periscopio para buscar a sus víctimas. Una vez más, el *dullahan* se representa más comúnmente como un hombre, pero en realidad no hay una referencia de género estricta.

Si uno se cruza en el camino del *dullahan* mientras cabalga sobre su caballo infernal o es arrastrado en la carroza negra, pero no es su víctima prevista, igual tiene un precio que pagar. Probablemente le perdonará la vida, pero lo dejará ciego. Su cabeza sobrenatural mirará fijamente a sus ojos para completar el acto. Si uno intenta apartar la mirada, el *dullahan* le echará un cubo de sangre en la cara para cegarlo o le azotará en los ojos con su látigo hecho con una espina dorsal humana. Encantador.

Si usted *es* a quien el *dullahan* busca, no hay forma de que pueda encerrar a este poderoso ser. Todas las puertas, portones, ventanas, trampillas y cualquier lugar en el que usted pueda esconderse se abrirán a su orden, y todo lo que tiene que hacer es pronunciar su nombre para que su alma huya de su cuerpo.

Si esto le parece aterrador, usted no está solo. A veces se dice que la entidad celta conocida como *dullahan* es la encarnación del dios celta Crom Dubh, cuyo nombre significa «el oscuro». Se dice que sus seguidores empleaban el sacrificio humano más que el grupo medio de druidas, y que Crom Dubh mantenía una lucha constante sobre la luz y la oscuridad, así como sobre la cosecha, con el dios de las habilidades, Lug. Crom Dubh, representado como una figura oscura y encapuchada, evolucionó hasta convertirse en el concepto y la manifestación física del *dullahan*.

Si uno lleva consigo oro puro, puede retener al *dullahan* durante un tiempo. Si se trata de un collar de oro o incluso de una moneda de oro, esto puede protegerle la primera vez que lo vea, pero no es un talismán que tenga un efecto permanente. Si el lamento de la *banshee* supone una advertencia o un augurio de muerte para alguien cercano, la aparición del *dullahan* lo asegura.

¿Por qué se representa al *dullahan* sin cabeza? La teoría principal, además del hecho de que un ser sin cabeza vestido de negro que lleva una cabeza sobrenatural poseída de ojos brillantes y un látigo hecho de espina dorsal humana galopando por los páramos en un caballo como un murciélago salido del infierno es absolutamente espeluznante, los celtas, como hemos mencionado en capítulos anteriores, tenían creencias especiales sobre la cabeza humana. Los celtas pensaban que el alma residía en la cabeza. Por eso las empuñaduras de las espadas se tallaban a menudo en forma de cabeza humana (para dar poder) y por eso se dice que los celtas conservaban las cabezas de sus enemigos, según fuentes griegas y romanas. Esta práctica no era tanto para usurpar el poder de sus enemigos, como hacían y siguen haciendo algunas tribus caníbales; era más bien un talismán que les servía para recordar el poder de sus enemigos, que ahora poseían.

Balor

Conocido como «Balor del ojo maligno», es el rey de los fomoré, la raza demoníaca que acabó siendo derrotada por los Tuatha Dé Danann antes de que los humanos llegaran a habitar Irlanda. Más adelante hablaremos de los fomoré.

Balor era el jefe de toda la raza, y se convirtió en Balor del ojo maligno cuando miró una poderosa poción mágica que los druidas de su padre (sí, los humanos no eran los únicos que tenían druidas) estaban elaborando, y los vapores le entraron en el ojo. Los cuentos suelen describir a Balor como un gigante con un solo ojo, como los cíclopes griegos. La diferencia entre Balor y los cíclopes es que el ojo de Balor dispara constantemente un chorro de luz, lleno de calor abrasador y destructor que destruye todo lo que cae sobre él cada vez que abre el ojo.

Algunas historias dicen que Balor tiene dos o tres ojos, pero todas coinciden en que uno de los ojos es el destructor «maligno» que utilizó para reforzar a los fomoré en su lucha contra la raza de dioses, los Tuatha Dé Danann. De hecho, a menos que desee quemar constantemente todo lo que encuentra a su paso o cerrar su único ojo, esta interpretación es la más válida. Puede utilizar su ojo u ojos normales mientras cubre el ojo maligno con un escudo de cuero, como se menciona en una versión de la historia.

Balor es en realidad el abuelo del dios Lug, al que hemos mencionado varias veces. Lug mata valientemente a su propio abuelo y lo decapita. Otra versión de la historia cuenta que Lug dispara una piedra de honda a través del ojo de Balor con un golpe tan fuerte que la piedra sale por el otro lado de la cabeza de Balor. Cuando el gigante cae, aplasta a veintisiete de sus compañeros fomoré.

Fomoré

Esta es la raza demoníaca que Balor defendía. Balor era en realidad un jefe, no su rey: los fomoré estaban dirigidos por el rey Indech. Arriba mencionamos que el cuerpo caído de Balor aplastó a más de dos docenas de sus compañeros de armas, y debemos recordar que la mayoría de los fomoré no eran gigantes como él.

Grupo de fomoré partiendo a la batalla

Se los conocía como la «raza demoníaca», que habitó la isla irlandesa antes de ser derrotada por los dioses, que posteriormente fueron expulsados bajo tierra por los humanos. Por lo tanto, la batalla cataclísmica entre los fomoré y los Tuatha Dé Danann tuvo lugar antes de que los humanos llegaran a Irlanda.

Describir la apariencia de los fomoré es todo un reto porque no adoptaron una forma concreta. No parecía haber uniformidad de aspecto y, puesto que eran demonios o semejantes a demonios, quizá podían elegir su apariencia a voluntad. Algunos se describen como los que moran en el inframundo o en las profundidades del mar, y en el siglo VII, los fomoré adoptaron personajes como rudos merodeadores marinos, sin duda debido a las invasiones vikingas de Gran Bretaña e Irlanda. Pero en cuanto a su aspecto, algunos van completamente embozados; otros son pequeños, sin pelo, de orejas largas y solo llevan taparrabos; y algunos se asemejan a formas semidesconstruidas de animales como caballos o cabras. A menudo se los describe con un solo brazo, una sola pierna o incluso un solo ojo, por lo que básicamente todos tenían algún tipo de malformación.

Sin embargo, hay que señalar que algunos de los dioses, como Lug, son producto del apareamiento de deidades con fomoré. Las que los dioses tomaban como compañeras eran, por supuesto, hermosas. Esto suscita la pregunta planteada anteriormente de si la raza demoníaca podía aparecer como quisiera o si su apariencia era algo que no se podía evitar. Además de los más que ocasionales acoplamientos e incluso matrimonios entre los Tuatha y los fomoré, las dos razas coexistieron durante eras hasta que se produjo la batalla final entre ambas.

También se dice que los fomoré pudieron ser antagonistas de los dioses y los primeros humanos de Irlanda. Eso es lo que dicen las leyendas celtas: que los primeros humanos tuvieron contacto tanto con los dioses como con los fomoré y que pudieron presenciar esta batalla épica entre las razas.

Púca

Cambiando el ritmo de los demonios infernales, los ladrones de almas y las batallas de épicas consecuencias celestiales, presentamos ahora a los *púcaí* (plural). El *pucá* (o *pwca*, en la ortografía del inglés antiguo) es una criatura que cambia de forma y que puede traer buena o mala suerte a los hogares, dependiendo del trato que reciba.

El *pucá* recuerda a los *brownies*, más populares en Escocia, de los que se dice que ayudan en las tareas domésticas mientras la familia duerme, siempre que se le deje un cuenco de leche por la noche. El *pucá* tiene varias apariciones registradas, pero normalmente se le describe como pardo, pequeño, peludo y puede o no tener cola. Suele llevar una capa oscura, ya sea en forma humanoide o animal. Incluso cuando está en forma humanoide, el *pucá* tiene cola, quizá por eso siempre tiene una capa a mano.

El *pucá* es más propenso a comportarse de forma traviesa que a hacer daño. Si decide adoptar la forma de un poni o un caballo, por ejemplo, puede atraer a un jinete a su lomo y correr tan rápido como pueda a través de un terreno aterradoramente accidentado, asustando al jinete hasta volverlo loco y luego dejarlo en medio de la nada, técnicamente ileso, mientras el *pucá* se ríe y se aleja galopando. Si alguna vez se sospechara de un encuentro con este tipo de *pucá*, se dice que puede ser controlado si el jinete lleva un par de afiladas espuelas. Esto decepcionará al *pucá*, pero salvará al jinete de los planes del bromista.

La otra cara del *pucá* es auspiciosa e incluso desinteresada. Una historia cuenta que un *pucá* se le apareció a un joven granjero en forma de toro, y el granjero acogió al toro y le dio comida y un manto caliente. A cambio, el *pucá*, como toro, trabajaba en el molino, araba y realizaba otras tareas pesadas. En su forma de *pucá*, limpiaba y organizaba el establo por la noche. Una noche, el niño vio al *pucá* en su verdadera forma, pero a diferencia de la mayoría de los seres míticos irlandeses, los *púcaí* se presentan y se muestran de buen grado a los humanos con los que interactúan. Los dos se hicieron amigos e intercambiaron regalos por su amistad.

Algunas historias también cuentan que los *púcaí*, que pueden ver a otras entidades mágicas que de otro modo serían invisibles para los humanos, ya que ellos mismos son mágicos, se interponen en el camino de seres que desean causar daño a humanos desprevenidos, salvando así a los humanos. Entonces, el *pucá* se revela al humano y este, agradecido, entabla amistad con la criatura que le ha salvado.

Aos sí

Aos sí es, en términos sencillos, el nombre de la raza mágica de hadas y seres de otro mundo que habitan Irlanda. De hecho, el nombre *aos sí* o *sídhe* es sinónimo de hada. No se trata de lo que solemos llamar «hadas», los diminutos seres humanoides parecidos a insectos que se adornan con flores y viven en casitas en el bosque. Aunque esos seres forman parte de la raza de las hadas en Irlanda, *Aos sí* es un término general que incluye a todos los seres mágicos, tanto si deciden revelarse a los humanos como si no, de ahí la grafía que utilizamos aquí, hada.

Representación de jinetes *aos sí* en 1911
https://commons.wikimedia.org/wiki/File:Riders_of_th_Sidhe_(big).jpg

Se dice que incluso la temible *dullahan* pertenece a esta raza de hadas o *fey* en Irlanda. El origen del nombre *aos sí* suele remontarse a una frase que significa «gente de los montículos» o «gente de los montículos de las hadas». Esto se remonta a que los dioses pasaron a la clandestinidad tras ser derrotados por los milesianos, las leyendas de las que se habla en el capítulo 4 en la sección de Ériu.

Las tribus celtas tenían mucho cuidado de no ofender a la gente de los túmulos. Los túmulos funerarios se consideraban lugares sagrados donde se podían celebrar festivales, algunos construidos específicamente para iluminarse durante determinados solsticios y equinoccios, pero antes y después de los festivales, durante los días ordinarios, estos lugares se trataban con respeto y precaución.

Muchas leyendas irlandesas afirman que si un ser humano queda atrapado por algún ser de los *aos sí* o si come alguno de sus alimentos, quedará atrapado en su mundo y no podrá volver al mundo de la superficie. Nunca volverán a ser vistos por nadie de su especie.

Para no ofender a la raza de las hadas, a menudo no se hace referencia a ellas directamente por su nombre; incluso hoy en día se utilizan eufemismos como la gente justa, el pueblo o los buenos vecinos, junto con *sídhe* o *aos sí*. Los celtas hacían ofrendas de leche, fruta o, a veces, pan para apaciguar a estos seres.

Algunas fuentes afirman que los *aos sí* eran los restos de los Tuatha Dé Danann, la raza de los dioses, después de que los humanos los empujaran bajo tierra. Los *aos sí* viven en un espacio liminal entre los dos mundos, por lo que los humanos pueden verlos si se revelan y pueden interactuar con ellos si así lo desean. Los *Banshees*, *púcaí* o duendes se incluirían en esta denominación.

Sluagh

Una de las criaturas más intimidantes de nuestra lista es el *Sluagh*, o la «hueste de los muertos». Se dice que estas temibles hadas malvadas vuelan en el aire en forma de media luna, como los pájaros, y se abalanzan sobre las almas de aquellos a los que cazan.

Antes de Samhain e Imbolc y de las otras grandes fiestas del fuego de los antiguos celtas, algunas historias sobre el origen del *Sluagh* dicen que los celtas tenían prohibido encender fuego en esas ocasiones porque el espacio entre los mundos era muy fino. Los druidas advertían de que el fuego atraería a los *Sluagh*. Sin embargo, en algún momento, esa práctica se abandonó en favor de enormes hogueras y ofrendas a los muertos y otros espíritus.

Las almas no perdonadas, los Sluagh
https://commons.wikimedia.org/w/index.php?curid=93481

Los *Sluagh* suelen viajar en grandes grupos, de ahí su nombre, y se dice que son las almas de los muertos no perdonados. Ya hemos mencionado dos versiones de los Sluagh: los antiguos celtas pensaban que formaban parte de los *aos sí*, las *hadas* que se habían corrompido de alguna manera, tratando de hacer a los humanos tan miserables y perdidos como ellos. Tras la llegada del cristianismo a Irlanda, la creencia en los *Sluagh* persistió, pero cambió el prisma desde el que se los miraba. Se los veía como pecadores sin perdón empeñados en arrastrar con ellos almas felices y prósperas al infierno cuando arrasaban la tierra.

Aunque hay muchos más seres míticos que tratar, terminaremos con una nota más caprichosa que espeluznante. Esperamos que este capítulo lo haya animado a investigar por sí mismo el folclore irlandés para explorar el encantador y a menudo terrorífico mundo de las *fey*.

Glas Gaibhnenn

Glas Gaibhnenn es la vaca de la abundancia y la fertilidad. Se dice que pertenecía a un herrero y que es de color verde claro o tiene manchas verdes, por lo que es fácil distinguirla. Esta vaca nunca se queda sin leche, por lo que para una cultura que dependía del favor del buen tiempo para sus cosechas y para alimentar a su ganado domesticado, Glas Gaibhnenn era un símbolo de abundancia y de comodidad por su capacidad constante de proveer.

Balor disfrazado robando la vaca encantada
Sin restricciones;

Una leyenda interesante en la que participa Glas Gaibhnenn es aquella en la que Balor del ojo maligno roba la vaca y se la lleva a una torre de cristal. Esta torre también alberga a su hija, a la que nunca deja salir porque está profetizado que dará a luz a un hijo que matará a Balor (Lug, como ya se ha mencionado). El héroe Cian debe recuperar la vaca de Balor del ojo maligno, y acaba convirtiéndose en el padre de Lug. Lug es concebido, y la vaca es devuelta a su legítimo propietario. Todo va bien hasta la gran batalla entre los fomoré y los Tuatha Dé Danann.

Capítulo 7: Leyendas e historias celtas

En este capítulo, trataremos algunos cuentos celtas esenciales que a veces se omiten en las versiones actuales de las famosas leyendas celtas. Las historias famosas con las que todo irlandés está familiarizado serán tratadas en el capítulo 8.

Los hijos de Tuireann

A veces, este cuento se conoce como la «Tragedia de los hijos de Tuireann». Tuireann no aparece en esta historia más allá de su papel como padre de tres hijos: Brian, Iuchar e Iucharba. Tuireann tiene otros tres hijos, pero esta no es su historia. La madre de los tres hijos anteriores es Danu.

En cuanto a Brian, Iuchar e Iucharba, su madre es la propia hija de Tuireann, Danand. Durante la gran batalla, el Mag Tuired, en la que los fomoré son vencidos por los Tuatha Dé Danann, la misma batalla en la que Lug mata a Balor del ojo maligno, los hijos de Tuireann, Brian, Iuchar e Iucharba, matan realmente al padre de Lug.

En resumen, Lug mata a Balor, su propio abuelo. Los hijos de Tuireann matan a Cian, hijo de Balor y padre de Lug. Aquí comienza la «Tragedia de los hijos de Tuireann», un relato muy influido por la mitología griega y que se desarrolla en lejanos imperios extranjeros.

Por haber matado a su padre, el dios Lug exige un precio de sangre, conocido en irlandés como *eric*, y exige a los hermanos que realicen hazañas increíbles y recuperen diversos objetos mágicos. Recuperar esos objetos mágicos requiere mucha fuerza, astucia y fortaleza. Los objetos que Lug exige por el precio de sangre incluyen los siguientes:

- Tres manzanas doradas del jardín griego que cultivan las Hespérides. Las Hespérides eran parecidas a las ninfas del bosque, y los hermanos tenían que superarlas, así como a la serpiente gigante que custodiaba este jardín místico.
- Una piel de cerdo mágica del rey Tuis en Grecia. Esta piel de cerdo tenía el poder de convertir el agua en vino y curar enfermedades.
- Una lanza envenenada del rey de Persia.
- Dos caballos del rey de Sicilia, Dobar, que podían arrastrar carros por agua y tierra.
- Siete cerdos propiedad del rey de los Pilares de Oro que, si se comían por la noche, reaparecían por la mañana.
- El mítico perro Failinis de cachorro, que era conocido como el compañero de Lug (después de que los hermanos obtuvieran el cachorro del rey de Iruaith).
- El asador para cocinar que pertenecía a las mujeres de Inis Fionnchuire, que se encontraba mucho más cerca de casa que los primeros objetos. El significado de este asador de cocina es que estas mujeres eran de la raza de las hadas, y vivían bajo el agua. Los hermanos también regresan a Irlanda con los objetos anteriores antes de partir de nuevo para recuperar el asador. Las mujeres hadas se ríen porque podrían dominar fácilmente a cualquiera de ellos y dejar que el hermano que se sumerja para recuperar el asador se lo lleve por su audacia.

Hay una última tarea. A diferencia de las otras tareas, que requerían hazañas de astucia y fuerza para capturar o adquirir objetos, el requisito final es algo que los tres hermanos deben hacer.

Esta última tarea tiene lugar en lo alto de la colina irlandesa de Miodhchaoin, o eso se supone. Los tres hermanos deben gritar en la cima de esta colina específica para completar el *eric* y liberarse del encantamiento obligatorio de Lug. Sin embargo, esta colina está ocupada por los hijos de Miodhchaoin, y él y sus tres hijos apuñalan con lanzas a Brian, Iuchar e Iucharba.

Los hijos de Tuireann consiguen matar a Miodhchaoin y a sus tres hijos (sus pruebas los convirtieron en formidables guerreros), pero los tres hijos de Tuireann resultan heridos de muerte. Brian levanta las cabezas de sus hermanos, y los tres completan la tarea lo mejor que pueden, utilizando el último aire de sus pulmones para gritar débilmente para que se cumpla la tarea final.

Iuchar e Iucharba mueren poco después, y aunque Brian aún vive, apenas le queda vida. Le queda la suficiente para suplicar a Lug que utilice la piel de cerdo encantada que recuperaron para curar a sus hermanos (y se puede suponer que a sí mismo), pero a pesar de todo lo que han hecho para cumplir el *eric*, Lug se niega a utilizar la piel de cerdo para curar a ninguno de ellos. Tuireann entierra a sus hijos, muriendo él mismo poco después, se puede decir que quizás de corazón roto.

El vencedor final de esta historia es el dios Lug, de quien algunos pueden decir que negó cruelmente la piedad a los hombres que mataron a su padre. Se benefició enormemente de la adquisición de estos objetos mágicos, convirtiéndose la lanza en su famosa arma y Failinis en su fiel compañero canino. En cierto modo, «Los hijos de Tuireann» trata tanto de Brian, Iuchar e Iucharba como de la historia del origen de Lug, que se celebra durante el festival de Lugnasad.

Las hadas

¿De dónde viene la historia de las hadas? Son omnipresentes en todas las historias celtas e irlandesas, y mucha gente sigue creyendo que su existencia es posible en zonas boscosas alejadas de la civilización humana.

La respuesta breve es que las hadas o las hadas, que pueden aparecer como criaturas bestiales, apariciones malignas, deidades o seres bellos y mágicos, tienen su origen en la raza de los dioses de los Tuatha Dé Danann. La raza de los dioses fue la predecesora de las hadas, y las hadas se quedaron en los espacios entre este mundo y el otro.

La historia del origen de los Tuatha Dé Danann, la raza de la diosa Danu, los eternos vivientes, podía parecer clara a partir de otras historias sobre ellos, pero las cosas empezaron a enturbiarse cuando el cristianismo llegó a Irlanda y las historias empezaron a escribirse.

Antes de esto, la tradición oral era la única forma de que sobrevivieran las tradiciones, aparte de las representaciones artísticas. Se sabe que los druidas nunca escribieron sus conocimientos porque los protegían mucho. No fue hasta los siglos IX, X y XI cuando los visitantes de Irlanda empezaron a describir a los Tuatha Dé Danann como deidades de las nubes, en lugar de simples seres que cambiaban de forma, traviesos o benévolos. Esta idea era un intento de decir que el Dios cristiano era más grande que cualquier otro dios, y cambió la práctica pagana celta de honrar a los Tuatha Dé Danann a través de la lente de la divinidad en lugar de simplemente seres a los que honrar y temer.

La conclusión es que la frontera entre la raza de los dioses y la raza de las hadas es muy difusa, y tienen habilidades similares. La raza de las hadas permaneció esencialmente en los límites del mundo humano, mientras que los dioses pasaron a la clandestinidad para ser venerados sin ser vistos directamente.

El origen del arpa

El arpa ha sido un símbolo perdurable de lo irlandés desde que se tiene memoria. El arpa encantada del Dagda tiene el poder de cambiar las estaciones. Irlanda ha tenido el arpa en varias monedas durante siglos, y hoy, las monedas de euro irlandesas todavía llevan el arpa en el anverso.

La historia del origen del arpa comienza con Cana Cludhmor, a quien a veces se conoce como Canola, una corrupción de su apodo irlandés. Se dice que Cana Cludhmor es la diosa celta de la inspiración, los sueños y, por supuesto, la música, probablemente debido a esta historia. Una noche se peleó con su marido y Cana Cludhmor decidió dar un paseo por la playa para calmarse. Acaba recostándose y quedándose dormida, y oye una música deliciosa en sueños.

Cuando se despierta por la mañana en la playa, se da cuenta de que la música que oía no era solo en sueños, sino que la creaba el viento, que soplaba suave y constantemente a través de los tendones extendidos por la caja torácica de un cadáver de ballena en descomposición. El relato es encantador hasta esa representación. Pero la conclusión final es que Cana Cludhmor se inspira para crear el arpa basándose en este ejemplo hecho por casualidad en la naturaleza. ¡Menos mal que ella y su marido tuvieron aquel desencuentro!

Capítulo 8: Historias famosas: Los hijos de Lir, Cú Chulainn y Tír na nÓg

Estas son algunas de las historias más preciadas y conocidas de la Irlanda actual, y todas ellas proceden de la tradición y la mitología celtas. Estas historias han encantado y maravillado a miles de personas de todas las generaciones desde hace siglos, y han servido de inspiración para innumerables referencias de la cultura pop moderna y la construcción del mundo. ¿Por qué estas historias, en particular estas tres, han resistido el paso del tiempo hasta el punto de que existen incluso diversas variaciones de cada una de ellas? A continuación responderemos a esta pregunta, y también nos ceñiremos a la versión más tradicional y ampliamente aceptada de cada una de ellas.

Los hijos de Lir

Los hijos de Lir, también conocida a veces como «El destino de los hijos de Lir», es una tragedia que se cuenta una y otra vez e incluso se estudia en las escuelas irlandesas.

Tras la muerte del gran Dagda, se necesitaba un nuevo gobernante de los Tuatha Dé Danann. Lir quería ser elegido rey, pero fue rechazado por Bodb Dearg, que fue elegido nuevo gobernante de los Tuatha Dé Danann. Lir estaba comprensiblemente disgustado, ya que había perdido el papel, pero para conseguir la lealtad de Lir y apaciguarlo, Bodb le ofreció a Lir la mano de su hija Aoibh en matrimonio. Lir aceptó y juró lealtad a Bodb como nuevo gobernante.

El matrimonio de Lir y Aoibh fue feliz y tuvieron cuatro hijos. Estos niños eran la luz de sus vidas, pero tras el nacimiento de un par de gemelos, Aoibh murió y Lir, al igual que los niños, quedó desconsolado. Bodb Dearg estaba muy triste, pero envió a otra de sus hijas, Aoife, a Lir para que se casara con ella.

Como tanto su padre como su nuevo marido adoraban a sus cuatro hijastros, Aoife se puso celosa. Solo tardó un año en cultivar sentimientos de indignidad e ira contra ellos. Incluso fingió estar enferma durante este año de angustia mental y desaires percibidos, pensando que había perdido el amor de Lir a causa del evidente amor de este por sus hijos. Aoife llegó incluso a planear matarlos directamente. Reunió a su séquito y les prometió riquezas incomparables si mataban a los cuatro niños. Su séquito, por supuesto, se negó, así que Aoife, herida y furiosa, empuñó ella misma una espada. Pero no pudo llevar a cabo el sangriento acto.

Fue entonces cuando obligó a los niños a bañarse en un lago y, una vez en el agua, los transformó en cisnes. Sin embargo, no eran cisnes corrientes: conservaban su personalidad, intelecto, razón y habla. También tenían la capacidad de cantar canciones de una belleza incomparable.

Aoife puso un límite de tiempo (aunque ridículamente largo) a su maldición, según algunas versiones a petición del hijo mayor. Los cuatro niños debían permanecer como cisnes durante trescientos años en el lago en el que fueron transformados, luego pasar trescientos años en el frío norte de Irlanda y, por último, trescientos años como cisnes en una isla solitaria y desolada.

En lugar de volver al castillo de su marido, Aoife regresó al castillo de su padre. Bodb le preguntó por qué los niños no estaban con ella, y ella se inventó una historia sobre cómo Lir no confiaba a Bodb sus propios nietos. Bodb no creyó esta tontería ni por un instante, y envió un mensaje a Lir, diciendo que sus cuatro preciosos hijos habían desaparecido.

Cuando Lir recibió el mensaje, buscó a sus hijos hasta llegar al lago donde debían permanecer durante los próximos trescientos años. Cuatro hermosos cisnes blancos se le acercaron y le revelaron que eran sus preciosos hijos. Lir lloró por lo que había hecho Aoife. El mayor le informó que su maldición duraría los próximos novecientos años. Para aliviar su dolor y adormecerlo, los niños cantaron sus hermosas canciones de cisne a su amado padre, que cayó en un sueño profundo y sin sueños.

LÉR AND THE SWANS
From the Drawing by J. H. Bacon, A.R.A.

Lir descubre a sus hijos, ahora cisnes
https://commons.wikimedia.org/wiki/File:Ler_swans_Millar.jpg

Cuando despertó, Lir se dirigió al castillo de su suegro y le informó de lo que su hija Aoife había hecho a los niños. La ira y el dolor de Bodb llenaron el castillo, e inmediatamente dijo que el sufrimiento y el tormento de Aoife serían aún mayores que los de los niños. Bodb preguntó a su hija cuál era el peor ser en el que podía imaginar convertirse, y ella respondió que era un demonio del aire. Así que se convirtió en uno para siempre. Bodb convirtió a Aoife en un demonio del aire, y aún hoy sigue bajo su maldición.

Durante los primeros trescientos años de la maldición de los niños, la gente, los dioses y los milesianos por igual llegaron a escuchar su música conmovedora e increíblemente hermosa. Sin embargo, llegó el momento de que se trasladaran al norte, a los fríos ríos y lagos de Maoilé, donde tuvieron que pasar los siguientes trescientos años cantando. Fue entonces cuando se prohibió matar cisnes en toda

Irlanda. Su estancia en el Maoilé fue dura y llena de sufrimiento. En una ocasión, una fuerte tormenta separó a los hermanos y, aunque finalmente se reunieron, el final de los segundos trescientos años no pudo llegar lo bastante pronto. Todos estaban dispuestos a abandonar el norte.

Finalmente, cuando llegó el momento, los niños volaron a Iorrus Domhnann, en el noroeste de Irlanda, para cumplir sus últimos trescientos años como cisnes. Aquí es donde algunas versiones de la historia difieren. Algunas versiones dicen que hacía tanto frío en Iorrus que una noche las aguas se congelaron y las patas de los pobres cisnes se quedaron pegadas al hielo. Entonces rezaron al único Dios verdadero y profesaron su fe en él, lo que les liberó del hielo. Otras partes de la historia omiten este detalle, y se dice simplemente que los cisnes soportaron su estancia en el noroeste durante los trescientos años siguientes. Lo que normalmente se cuenta en todas las versiones de *Los hijos de Lir* es que, durante su estancia en Iorrus Domhnann, hubo un joven al que conocieron que registró un relato de su historia.

Cuando cumplieron los novecientos años de maldición, volaron de vuelta, aún en forma de cisne, al hogar de su padre, Lir.

Cuando llegaron a su tierra natal, los niños descubrieron consternados que las tierras de Lir estaban abandonadas, como si no hubiera habido habitantes desde hacía tanto tiempo que todo estaba cubierto de maleza y en ruinas. Consternados, viajaron a la isla de Inis Gluairé, donde se congregaban muchas aves. Al menos podían vivir en paz con otras aves y entre ellas.

Después de que san Patricio cristianizara gran parte de Irlanda, aún quedaban muchos que recordaban a los niños de Lir, entre ellos un hombre santo que tocaba una campana para rezar. Cuando los niños oyeron la campana, se asustaron, pero el mayor dijo que tal vez deberían escuchar a la campana llamando a la hora de la oración, ya que podría romper la maldición. Cuando todos terminaron de escuchar la campana, entonaron una canción encantadora de otro mundo. Cuando el hombre santo se acercó a la orilla del lago para escuchar su canción, les preguntó si eran realmente los hijos de Lir, ya que había oído hablar de su antigua situación y se encontraba en la zona para localizarlos.

Los cuatro niños cisne depositaron su confianza en el monje, permitiéndole ponerles cadenas de plata y alejarlos del lago. La esposa del rey de Connacht se enteró de que estos cisnes eran los famosos niños de Lir, trágicamente malditos, y exigió al monje que se los llevara de inmediato. El monje se negó, así que el rey fue a coger a los niños cisne por la fuerza. En cuanto los tocó, se rompió la maldición: todas sus plumas se desprendieron y dejaron ver a cuatro personas extremadamente ancianas y huesudas, tres hombres y una mujer, a los que los novecientos años habían pasado factura al instante. Al parecer, esto molestó tanto al rey de Connacht que se marchó inmediatamente.

Las leyendas se alinean aquí para decir que los niños sabían que estaban cerca de la muerte y pidieron al monje que los bautizara. Él hizo lo que le pedían y los enterró poco después.

¿Qué nos enseña esta historia y por qué sigue siendo tan popular? El simbolismo celta de la historia y la conexión con los místicos y mágicos Tuatha Dé Danann es una de las razones. Otra razón por la que esta historia es tan popular en la Irlanda postcristiana es que muestra que aceptar a Dios trae paz y libertad. Al fin y al cabo, esta es una interpretación. En Dublín hay incluso una estatua de los cuatro niños en forma de cisne. El destino de los *Hijos de Lir* forma parte del patrimonio cultural irlandés, como el arpa, el gaélico irlandés y las verdes colinas.

La estatua de los Hijos de Lir en Dublín
https://commons.wikimedia.org/wiki/File:Children_of_Lir.jpg

El Gran Cú Chulainn

Todos los irlandeses conocen la historia de Cú Chulainn, el gran guerrero que era mitad mortal y mitad inmortal. A Cú Chulainn se lo compara con Hércules, la versión irlandesa de Aquiles y otros grandes guerreros de otras mitologías, pero las similitudes terminan cuando se habla de sus orígenes natales y su enorme fuerza.

Ya desde muy joven (algunas fuentes hablan de siete años), Cú Chulainn poseía una fuerza descomunal, que conseguía esencialmente volviéndose del revés. Esto ya asustaba a los que querían hacerle daño, pero su rabia le daba la fuerza suficiente para contener ejércitos él solo. La imagen mental que esto evoca es bastante perturbadora, pero así es como las leyendas hablan de su increíble fuerza y poder.

Cú Chulainn no siempre fue el nombre de esta joven y poderosa figura legendaria de la mitología irlandesa. Nació de una madre mortal que lo llamó Setanta. Cuando era pequeño, recibió el nombre de Cú Chulainn, que significa literalmente «sabueso de Chulainn». Chulainn era un herrero que tenía un temible perro guardián, y el niño Setanta mató al perro mientras se defendía, para conmoción de todos. Chulainn estaba comprensiblemente consternado de que este niño sobrehumano hubiera matado a su perro, pero Setanta se ofreció como guardia de seguridad de Chulainn hasta que pudiera encontrar y entrenar a otro perro guardián para el hombre. Si consiguió o no encontrarle a Chulainn otro sabueso es algo que se discute, ya que las historias difieren, pero Setanta fue conocido para siempre como el sabueso de Chulainn.

Setanta mata al sabueso de Chulainn
https://commons.wikimedia.org/wiki/File:Cuslayshound.jpg

Existen muchas historias y leyendas en torno a este hijo de una mujer mortal y Lug, el dios maestro de todas las habilidades. La destreza de Cú Chulainn en la batalla y su buen aspecto (cuando no estaba furioso) cobran sentido cuando uno se da cuenta de que era hijo del gran Lug.

De niño, Cú Chulainn fue entrenado en artes marciales por Scáthach, la mujer guerrera de la leyenda escocesa. Ella le dio su lanza y le enseñó a luchar, aunque cuando entraba en sus ataques de ira, realmente no tenía control y destrozaba a cualquiera y cualquier cosa que se interpusiera en su camino. Durante la época de entrenamiento de Cú Chulainn, se profetizó que sería enormemente famoso, pero que tendría una muerte prematura, para consternación de los que lo querían.

Una de las historias más famosas que lo involucran es cuando la reina Maeve de Connacht intentó apoderarse de los territorios del Ulster. Cú Chulainn está con una mujer en el bosque cuando eso ocurre. Mientras las tropas del Ulster luchan por contener a las fuerzas de la reina Maeve, Cú Chulainn se une a la refriega más o menos cuando cae el último hombre del Ulster. Se pone furioso y vence sin ayuda a cientos de hombres del ejército de la reina Maeve, convirtiéndose en el héroe del Ulster.

Como estaba profetizado, Cú Chulainn murió joven, según la mayoría de las fuentes a la edad de veintisiete años (tenía diecisiete cuando derrotó a la reina Maeve de Connacht). Maeve conspiró con varios nobles para atraer al sabueso de Chulainn y así poder matarlo. En la cultura celta existían graves tabúes que nunca debían romperse. Si lo hacían, la persona que los rompía no solo se debilitaba físicamente, sino también espiritual y emocionalmente. Los dos tabúes a los que se enfrentaba Cú Chulainn eran comer carne de perro o rechazar la hospitalidad. Un día, se encuentra con una vieja bruja que le ofrece carne de perro que está cocinando en un asador. Atrapado entre estos dos tabúes, acepta un pedazo de carne de perro y se la come.

Así, Cú Chulainn ha roto uno de los tabúes más severos de su cultura, y se encuentra en un estado debilitado para el próximo ataque. Lugaid, uno de los conspiradores de Maeve, manda fabricar tres lanzas mágicas, cada una diseñada para matar a un rey. La primera lanza se utiliza para matar al conductor del carro de Cú Chulainn, el rey de los conductores. La segunda lanza se usa para matar al caballo de Cú Chulainn, el rey de los caballos. Y todos sabemos a quién va dirigida la tercera lanza.

Después de que Lugaid hiera mortalmente a Cú Chulainn con la tercera lanza, Cú Chulainn saca todas las fuerzas que le quedan para atarse a una piedra alta y poder morir enfrentándose a sus enemigos de pie y no de rodillas. Se dice que un rayo de luz ilumina a Cú Chulainn y, al caer el brazo de su espada, corta la mano de Lugaid. A continuación, un cuervo se posa en el hombro del héroe, señal de que su aliento ha abandonado su cuerpo.

Las historias de Cú Chulainn podrían llenar muchas más páginas; esta es simplemente una introducción al afamado héroe irlandés, cuya única debilidad era que rompía los tabúes irlandeses, lo que podía ocurrirle a cualquiera. Hoy en día, el sabueso de Chulainn es un símbolo del nacionalismo y la identidad irlandeses. No es tanto una mascota como una figura legendaria de la que los irlandeses se enorgullecen, y el lema de la ciudad de Dundalk es «Yo di a luz al valiente Cú Chulainn». Esto se debe a que se dice que la piedra a la que Cú Chulainn se ató para poder morir con dignidad está en Dundalk.

La imagen de Cú Chulainn se ha colocado en monedas y medallas militares irlandesas, se ha convertido en estatuas de bronce y se ha representado en banderas y otros materiales nacionalistas irlandeses. No hay forma de que el pueblo irlandés olvide pronto a Cú Chulainn, su valentía o sus numerosas hazañas.

Tír na nÓg, la *Tierra de la Juventud*

Este cuento es realmente uno de los más provocadores, bellos y desgarradores que se han transmitido a través de los siglos en la isla de Éire. Cuando se escucha la historia de Tír na nÓg, es casi imposible no conmoverse de alguna manera. Por eso hoy en día se cuentan historias sobre esta tierra encantadora libre de envejecimiento y dolor.

Centraremos nuestra historia de Tír na nÓg en una princesa de la tierra de la juventud, la bella Niamh (pronunciado niav) del «cabello dorado». Esta es la historia de cómo Niamh de Tír na nÓg y Oisín de Irlanda se conocieron y se enamoraron. Hay una variante de la historia, a la que llegaremos al final, así que asegúrese de prestar atención a la primera narración y luego observe cómo cambia las cosas la historia alternativa.

Oisín, su padre Finn MacCool, que es un héroe irlandés consagrado por derecho propio, muy parecido a Cú Chulainn, y los *fianna*, los cazadores-guerreros con los que viajan, contemplan a una hermosa doncella en una de sus muchas aventuras. Tiene el pelo largo y suelto, labios carnosos y ojos brillantes. Ninguno de los hombres ha visto a un ser vivo tan hermoso en todos sus años.

La doncella se presenta como Niamh, y mira a Oisín (pronunciado algo similar a «océano»), informándole de que ha oído historias del *fianna* y del famoso joven Oisín MacCool y que había dejado su tierra específicamente para encontrarlo y casarse con él.

Todos los presentes se quedan un poco confusos y atónitos, sobre todo cuando Niamh les dice que viene de Tír na nÓg. Todos conocen el significado del nombre del lugar: la Tierra de la Juventud, de los que no envejecen, la Tierra de la Eterna Juventud. Nunca se habían planteado que Tír na nÓg sea un lugar real, así que, naturalmente, reaccionan con incredulidad. Niamh continúa describiendo su tierra natal con tanto detalle que el grupo no puede evitar llegar a la conclusión de que debía haber algo de verdad en lo que está diciendo.

Niamh explica que su tierra es el lugar más hermoso imaginable e inimaginable. No hay muerte, ni enfermedad, ni dolor, ni envejecimiento. Cualquiera que sea la edad de uno cuando llega a Tír na nÓg se convierte en su edad eterna. Niamh dice que no deben quedarse mucho tiempo, ya que los efectos de dejar Tír na nÓg comenzarán a afectarla, aunque mucho más lentamente que a cualquier mortal que llega a la Tierra de la Juventud y luego se va.

Le profesa su amor a Oisín (a quien acaba de conocer, por lo que esto puede parecernos extraño, pero es una historia, y ella es extremadamente bella). Niamh le ruega que se vaya a su casa con ella, donde ambos permanecerán jóvenes para siempre y vivirán a sus anchas, con todas las joyas y el oro que puedan imaginar y todos los festines deliciosos que puedan consumir. Oisín está casi convencido, pero acepta ir con una condición: que se le permita regresar a Irlanda para visitar a su amado padre. Niamh, por supuesto, accede a esta sensata petición, y padre e hijo se despiden con lágrimas en los ojos. Los *fianna* están serenos por la pérdida de su segundo al mando.

Oisín y Niamh viajan a Tír na nÓg

Oisín y Niamh viajan en el caballo de plata de Niamh, atravesando océanos, contemplando espectáculos nunca vistos y escuchando canciones que ningún mortal ha oído en siglos, excepto Oisín. Este se asombra ante las fantásticas plantas y animales que nunca ha visto. Ve una hermosa arboleda cargada de frutos brillantes y le pregunta a Niamh: «¿Es este tu hogar?».

Ella se ríe y le contesta: «Este lugar no tiene nada que envidiar a mi tierra. Lo sabrás cuando lleguemos a Tír na nÓg"».

El caballo sigue galopando, a través de valles y cadenas montañosas de oro, a través de bosques más verdes, incluso a través del cielo y los mares, y finalmente, llegan a Tír na nÓg. Oisín se da cuenta de que Niamh tenía razón. Nunca se había sentido más feliz, más ligero o más relajado que cuando cruzaron a la tierra natal de Niamh. Ni siquiera sus mayores victorias en batalla podían compararse con la euforia que siente en Tír na nÓg.

Oisín y Niamh se casan rápidamente y tienen muchos hijos juntos, y la pareja nunca envejece. Se aman cada vez más a medida que viven, nunca enferman y nunca conocen la lucha o la infelicidad. Sus hijos crecen y prosperan, pero se mantienen siempre jóvenes. Todos comen lo que necesitan y más. Las plantas y los animales son una fuente inagotable de alegría para la familia y los demás habitantes de Tír na nÓg.

Un día, como si despertara de un sueño, Oisín recuerda la promesa que hizo a su padre de volver a Irlanda de visita. Por primera vez desde que entró en la Tierra de la Juventud, se siente turbado. Durante varios días, su ceño se frunce y se pregunta qué debería hacer o incluso cómo podría llegar a Irlanda. Niamh se da cuenta de que algo le pasa a su marido.

«Mi querido amor —se dirige a él tras unos días de observarlo así—, la infelicidad es algo inaudito aquí en Tír na nÓg. Sin embargo, veo que la angustia se dibuja en tus facciones. ¿Qué puede preocuparte tanto?».

«Niamh, querida —responde Oisín—, estos años aquí contigo han sido los más felices que podría haber pedido. Es que he recordado la promesa que le hice a mi padre, Finn MacCool, y al *fianna*. Echo mucho de menos a mi padre y deseo visitar Irlanda para cumplir mi promesa».

Niamh proporciona a su amor un caballo que puede hacer el viaje, pero le advierte: «Querido esposo, en tu viaje, debes permanecer en la silla de montar. Si tus pies tocan el suelo de Irlanda, puede que nunca jamás regreses a mí, a Tír na nÓg. Por favor, regresa a mí, querido Oisín. Es todo lo que te pido».

Oisín besa a su querida Niamh y promete volver a su hogar en Tír na nÓg en cuanto haya visto a su querido padre en Irlanda. Así pues, se marcha montado en el fiel caballo y, en lo que le parece un abrir y cerrar de ojos, regresa a Irlanda, a las verdes y vibrantes colinas salpicadas de edificios que no reconoce. Resultan ser monasterios e iglesias repartidos por el campo. Ve pasar a un anciano y le saluda.

«¡Hola, amable viajero! ¿Qué has oído sobre Finn MacCool y el *fianna*? Soy su hijo Oisín, he vuelto para abrazar a mi padre».

El anciano mira a Oisín sobre el caballo primero con sorpresa, luego con asombro, después con un poco de pena. «Lo siento mucho —responde el anciano—, pero Finn MacCool ha estado muerto estos últimos trescientos años. Los *fianna* son ahora cuentos de leyendas y anécdotas junto a la chimenea, pero nosotros recordamos sus gloriosas hazañas».

Abrumado por la pena de que su padre haya fallecido, Oisín se tambalea en la silla, como era de esperar, pero pronto se recompone, recordando la advertencia de Niamh. «Verdaderamente, ¿han pasado trescientos años en mi amada patria? Solo me han parecido unos pocos...».

Algunos relatos cuentan que Oisín ve a un grupo de hombres intentando levantar una viga del barro y clavarla verticalmente en algún proyecto de construcción en las cercanías. Buscando una distracción y sabiendo que puede resolver su problema al instante, cabalga hacia ellos y se inclina a un lado, levantando la viga él solo con facilidad. De repente, la cincha de la silla se rompe, y tanto Oisín como la silla caen del caballo al suelo. Trescientos años alcanzan a Oisín al instante, y muere poco después, incapaz de volver con su amor a Tír na nÓg.

Antes de analizar el significado de esta historia perdurable, veamos algunos detalles alternativos que aparecen en algunas versiones. A veces, los narradores insertan una mini historia junto al primer viaje juntos de Oisín y Niamh a Tír na nÓg. Después de atravesar un mar resplandeciente, Oisín ve un castillo de mármol de una belleza impresionante y dice: «¡Niamh! ¡Es precioso! ¿Es ahí donde vives?».

Ella responde: «No, aún no es Tír na nÓg, pero allí vive un ogro horrible que tiene prisionera a una princesa. Tiene prohibido casarse con ella hasta que derrote a otro en batalla, pero nadie se atreve a luchar contra él, así que siguen sin casarse, y ella permanece prisionera en ese castillo de mármol».

Su historia conmueve a Oisín, que pide que se detengan porque desea desafiar al ogro a la batalla. Niamh acepta de buen grado; al fin y al cabo, su valentía y su fuerza eran tan legendarias que había oído hablar de él hasta en la Tierra de la Juventud. Oisín derrota al ogro carcelero, y la princesa es ahora libre de hacer lo que le plazca. Esto hace que Niamh se enamore aún más del joven MacCool.

Otra variante importante tiene que ver más con Tír na nÓg y la forma en que, según algunas historias, seleccionan a su gobernante. Cada siete años se celebra un concurso para determinar al rey. Todos los concursantes deben subir corriendo una determinada colina, y el ganador se convierte en rey. El rey actual ha ganado durante muchos años, aunque empiezan a surgir dudas que le hacen preocuparse sobre cuántas veces más podrá ganar el concurso. Consulta a un druida sobre el futuro de su reinado en Tír na nÓg, y el druida le asegura que seguirá gobernando la Tierra de la Juventud a menos que su yerno compita.

El rey se siente aliviado por esta noticia, ya que su hija sigue soltera. Ordena al druida que convierta la cabeza de su hija en la de un cerdo. Sin embargo, el druida también le dice a la hija, Niamh, que si se casa con un hijo de Finn MacCool, su maldición se romperá y volverá a ser ella misma. Por eso Niamh sale en busca de Finn MacCool y el *fianna*, y elige a Oisín como esposo. Ella les cuenta todo sobre la maldición, sobre todo lo que sucedió y sobre sus orígenes, y luego se casan. Entonces comienza el viaje de Niamh y Oisín de vuelta a Tír na nÓg. Una vez de vuelta, se celebra la competición por el reinado. Obviamente, Oisín gana, y nadie se atreve a volver a presentarse contra él.

¿Por qué persiste hoy la historia de Tír na nÓg? Incluso hay una escena en la película *Titanic* en la que una madre irlandesa intenta adormecer a sus asustados hijos con historias de Tír na nÓg, un lugar donde no hay miedo, dolor, sufrimiento ni muerte, mientras el barco se hunde. Conocer la historia de la Tierra de la Juventud hace que la escena sea aún más conmovedora, ya que los niños se aferran desesperadamente a las palabras que les cuenta su madre, mientras ella conoce la verdad.

Una tierra sin ningún tipo de enfermedad, sufrimiento ni envejecimiento suena atractiva para un pueblo sometido durante siglos a gobernantes de diversa índole, especialmente tras la colonización inglesa. Tír na nÓg se convierte en una tierra de ensueño, una vía de escape y algo inherentemente irlandés a lo que aferrarse. Sin embargo, se han esgrimido muchos argumentos en el sentido de que una persona no puede apreciar verdaderamente la vida en un lugar desprovisto de sufrimiento. ¿Cómo puede uno reconocer la victoria, la justicia o la alegría si nunca ha experimentado el fracaso, el despotismo o la negatividad?

Capítulo 9: Orígenes de la lengua irlandesa

Los orígenes de las lenguas desde que los humanos empezaron a hablar son casi imposibles de desentrañar, aunque muchos eruditos, lingüistas, historiadores y científicos a lo largo de los tiempos lo han intentado. Parece que la teoría más aceptada es que hubo una primera lengua de la que surgieron todas las demás. En la Biblia se narra cómo se crearon las lenguas, y es probable que de ahí surgiera inicialmente esta idea (la Torre de Babel en el capítulo 11 del Génesis). Sin embargo, tras siglos de rastreo de las lenguas, sus familias, sus semejanzas con otras lenguas y la forma en que los pueblos han migrado por todo el mundo a lo largo de los siglos, la teoría (al menos de trabajo) es que la «primera lengua» existió y se conoce como protoindoeuropeo.

Dicho esto, queremos señalar lo complicado que puede resultar rastrear las raíces lingüísticas. Con los cambios en el estilo de vida, las prácticas, las ceremonias, las relaciones entre clanes y la ubicación, las personas cambian, y también lo hace su lengua. La lengua hablada por los celtas antes de la Alta Edad Media sería totalmente irreconocible para los hablantes de gaélico irlandés de hoy en día.

A esta lengua la llamamos goidélico. Si recuerda nuestros capítulos anteriores, los celtas habitaban la península ibérica, partes de Europa oriental y quizás hasta Turquía. La lengua que hablaban estos lejanos pueblos galos y celtas puede denominarse protocelta, la abuela de la lengua goidélica.

El protocelta se dividió en tres «hijos»: celtíbero, celta insular y galo. Estas tres lenguas se diferenciaron porque el celtíbero fue utilizado por aquellos que permanecieron en España, Portugal y lo que ahora es la zona vasca entre España y Francia. Esos celtas que conocemos y amamos, que surcaron los mares y acabaron cambiando Irlanda para siempre, son los originarios del celta insular. Por último, el tercer hijo, el galo, era la lengua de raíz celta que hablaban las tribus que habitan la actual Francia y Austria y que dieron buena batalla a los romanos antes de ser conquistados junto con los «bárbaros» germánicos.

El celta insular es el hijo de la lengua en el que queremos centrarnos, porque el goidélico que usaban los celtas en Irlanda se desarrolló a partir de esta lengua, así como otro hermano al que llamamos britónico. Esta lengua era la que se utilizaba en Gran Bretaña, y más tarde evolucionó hasta convertirse en el córnico, el galés y el bretón que aún se hablan y escriben hoy en día. El goidélico evolucionó hasta el gaélico irlandés moderno (*Gaeilge*), el gaélico escocés (*Gàidhlig*) y el manés.

Nos interesa el goidélico y su desarrollo. Normalmente se considera que su sistema de escritura, el *ogham*, del que ya hemos hablado, se utilizó por primera vez en los siglos III y IV. Quedan pocos ejemplos, porque es probable que el *ogham* se escribiera sobre todo en materiales orgánicos, como la madera, que no han sobrevivido. Los ejemplos que han sobrevivido nos muestran que el goidélico y el britónico diferían en los sonidos presentes. Por ejemplo, el goidélico tiene el sonido «qu», que parece haber cambiado al sonido «p» en el gaélico moderno, mientras que las lenguas britónicas no parecían tener el sonido «qu», pero sí poseían el sonido «p».

Palabras y frases populares en gaélico

- *Uisce beatha*: ¡De aquí nos viene la palabra whisky! Significa «agua de vida», y sus raíces proceden de dos palabras protoceltas anteriores al goidélico. *Uisce* viene de *udenskyos*, que significa «agua», y *biwotos*, que significa «vida». Podemos suponer que las versiones goidélicas de estas palabras eran versiones intermedias.
- *Dia duit*: Esta simple frase significa «hola». Es un saludo moderno, sobre todo si lo comparamos con cómo se habrían saludado los antiguos celtas. La mayor parte es un misterio, pero es probable que se hubieran saludado con un fuerte apretón de manos con un apretón de antebrazos solo para

asegurarse de que la otra parte no estaba escondiendo un arma. *Dia duit* es «hola» en gaélico moderno, pero significa «que Dios te acompañe». No están hablando del Dagda.

- *¡Sláinte!*: ¡Salud! Se traduce literalmente como «buena salud», como muchos brindis en todo el mundo.
- *Céad míle fáilte*: Esta encantadora frase se encuentra por toda Irlanda incluso hoy en día, y podemos imaginar que existía una versión de ella en goidélico debido a la inmensa importancia que los antiguos celtas daban a la hospitalidad. Significa «cien mil bienvenidas».
- *Go raibh maith agat*: La versión irlandesa de «gracias» significa literalmente que te vaya bien. Esto es especialmente conmovedor cuando se piensa en la situación en la que se usaría esta frase, sobre todo al despedirse, que es *slán*, que significa «a salvo». Las Edades de Bronce y de Hierro no fueron tiempos fáciles para vivir, pero como podemos ver, los celtas hicieron algo más que sobrevivir: prosperaron.
- *Is fearr Gaeilge briste, na Bearla cliste*: Este es un dicho con un significado poderoso. Se traduce como «el irlandés roto es mejor que el inglés inteligente». Es la frase favorita de los orgullosos irlandeses amantes de la libertad a los que les molesta la dominación inglesa. Es lo suficientemente irónica como para no resultar prepotente.
- *Gaeltacht*: Es una palabra que se refiere a un lugar o región que habla principalmente gaélico irlandés. A menudo se menciona en mapas o guías, y se puede ver una influencia celta evidente en la zona cuando se trata de lugares históricos y museos.

¿Por qué hemos incluido en nuestra lista palabras en gaélico irlandés moderno en lugar de las que habrían pronunciado los celtas? Bueno, es casi imposible rastrear la lengua gaélica en su forma hablada, al menos para los conceptos e ideas que nos serían familiares. En cambio, los pensamientos e ideas celtas permanecen con nosotros a través de los artefactos que dejaron, sus túmulos y monumentos funerarios y, lo que es más importante, sus descendientes. Aunque en la actualidad la UNESCO considera que todas las lenguas celtas están en peligro de extinción, a lo largo de los siglos XVIII, XIX y XX han experimentado movimientos de revitalización por parte de diversos grupos que intentan preservar la cultura irlandesa y celta. Muchos de estos grupos lo hacen por razones políticas, y muchos simplemente entienden que con la pérdida de una lengua se pierde una rica historia y patrimonio cultural.

El *Ogham* nuevamente

El *ogham* (también escrito *ogam*) se escribía de derecha a izquierda, al contrario que el celta moderno. Tenía veinte letras de uso regular, pero más tarde se añadieron otras cinco, aunque no está claro cuándo empezaron a utilizarse. El *ogham* tiene todos los sonidos del inglés porque la letra «q» no tenía su propio símbolo solitario: se escribía como el sonido «qu».

Aunque cuando se comparan el *ogham* y las runas nórdicas, al principio parecen surgir similitudes, si se examinan más de cerca, parece que las similitudes terminan cuando se cae en la cuenta de que para tallar símbolos en superficies duras, estos, por supuesto, tienen que ser formas rectas y rígidas. Algunos expertos siguen viendo un parecido y, por tanto, una relación entre los dos sistemas de escritura, lo cual es comprensible, ya que las dos culturas interactuaron sin duda entre sí, con el desembarco de los vikingos en las costas irlandesas y la posterior fundación de Dublín.

Sin embargo, otra teoría, quizá la que tiene más sentido, ya que la presencia de un número similar de letras se alinea, es que el *ogham* es simplemente la forma celta de representar el alfabeto latino. Esto podría ser más plausible, ya que los celtas, desde las culturas de Hallstatt y gala, habrían conocido íntimamente el Imperio romano. Los griegos y los romanos visitaron y escribieron sobre los celtas de Irlanda, como hemos establecido, y pudo haber un intercambio de lengua e ideas, es decir, si los visitantes orientales se dignaron a hablar con aquellos de quienes escribieron como bárbaros.

Muchos irlandeses y personas con ascendencia irlandesa fuera de Irlanda (por ejemplo, en Estados Unidos y Canadá) han empezado a recuperar sus antiguas raíces celtas y a elaborar piezas *ogham* o a llevar joyas con escritura *ogham*. También crean o compran piezas de arte, joyas, ropa u otros artículos con antiguos motivos celtas, que describiremos en detalle en el siguiente capítulo.

Capítulo 10: Arte celta

Espirales y arremolinadas representaciones de seres humanos y animales, intrincados diseños anudados, broches de oro y torques (collares) diseñados con maestría para sujetar capas y denotar riqueza y estatus: estas son solo algunas de las formas en que los antiguos celtas utilizaban el arte para expresarse en su vida cotidiana.

Durante la Edad de Bronce, los herreros produjeron cantidades incalculables de bronce aleado a partir de las reservas de cobre de Irlanda y estaño de Cornualles (Inglaterra). El bronce se creaba y transformaba expertamente en objetos que no solo eran útiles, sino también bellos. Entre ellos había recipientes para beber, aperos de montar, armas y utensilios agrícolas, que se exportaban a toda Europa durante la Edad de Bronce.

Fue también en esta época cuando los celtas de Irlanda produjeron una auténtica fortuna de productos de oro gracias a los yacimientos de oro que había por toda la isla Esmeralda. Estos objetos de oro se han encontrado en abundancia en toda Irlanda, Gran Bretaña y Europa continental, lo que significa que estos objetos eran apreciados y buscados por su calidad, artesanía y valor asignado.

Broche de Tara

Una de las piezas de artesanía celta que mejor ha sobrevivido es el broche de Tara. Está hecho de plata fundida y los arqueólogos datan el broche en torno al siglo VIII. Está decorado en el estilo artístico de La Tène, del que hablaremos con más detalle a continuación. Este estilo artístico influyó en los artesanos desde la época de la civilización de

Hallstatt hasta la cristianización de Irlanda.

El broche de Tara

Sailko, CC BY 3.0 <https://creativecommons.org/licenses/by/3.0>, vía Wikimedia Commons; https://commons.wikimedia.org/wiki/File:Spillone_di_tara,_da_bettystown,_contea_di_meath,_viii_secolo_02.jpg

El broche de Tara recibe su nombre de la legendaria sede de los altos Reyes de Irlanda, la colina de Tara. Parece un nombre apropiado para una pieza que es tan celta irlandesa por excelencia. El broche no tiene nada que ver con Tara ni con ningún rey legendario; simplemente lo llamó así un vendedor que pensaba engrandecer su mercancía, que compró a una granjera a mediados del siglo XIX, quien lo encontró en uno de sus campos. El broche tiene una forma reconocible incluso para los ojos modernos porque tiene un lado exterior redondo y un alfiler que atraviesa ese círculo, como un antiguo imperdible.

Esta es también la forma y el tamaño con que se fabricaban los broches romanos, y no eran tan delicados como el broche de Tara, lo que lleva a los historiadores a concluir que el broche de Tara tenía una función puramente ornamental en lugar de atar realmente las capas al portador. No sería lo suficientemente fuerte para el propósito tradicional de un broche.

Cruz alta de Muiredach

Esta enorme y altísima cruz de piedra encontrada en el monasterio de Boice (Monasterboice) forma parte de un grupo de tres cruces similares, pero esta pieza en particular es conocida por ser la más exquisita.

La Cruz de Muiredach mide más de cinco metros de altura y está hecha de piedra arenisca, más fácil de tallar para los artesanos que otros tipos de piedra. La arenisca también abunda en Irlanda. Aunque esta cruz no es la más alta de las tres (la Cruz del oeste mide siete metros), es la más intrincada y detallada.

Esta cruz de pie está llena de iconografía cristiana, pero lo interesante es que todo está hecho en el estilo tradicional del arte celta, cubierto de nudos y enredaderas retorcidas. Incluso incluye el sol y la luna, representados por dos soldados. Pueden ser referencias al océano y a la diosa de la tierra Gaia. El arte celta, especialmente el ejemplificado en esta cruz, conserva sus características y estilo sea cual sea el tema. Esta cruz fue encargada para mostrar varias escenas de la Biblia, como la crucifixión de Cristo, posiblemente la captura y arresto de Cristo por soldados romanos, y Cristo dando la llave del cielo a Pedro.

La cara occidental de la cruz de Muiredach

Hay otros símbolos encantadores en la cruz. Por ejemplo, en la parte inferior de cada lado hay dos gatos, animales asociados a la magia desde hace mucho tiempo. Hay una cantidad ridícula de ornamentación, que incluye cabezas de hombres rodeadas de serpientes serpenteantes, centauros, luchadores y abundantes jinetes, junto con una docena de otras escenas bíblicas.

La Cruz alta de Muiredach es una parte esencial de la historia celta porque muestra cómo la cultura celta y el cristianismo se mezclaron en Irlanda, y conserva el estilo artístico utilizado hace unos 1.200 años para los espectadores y eruditos de hoy.

Escudo de Battersea

Esta impresionante pieza data de la Edad de Hierro y también emana el estilo artístico de La Tène, que fue prominente en la mayoría de las piezas de arte celta durante la Edad de Hierro, la Edad de Bronce y después. Aunque solo es parte de un escudo, su finalidad es evidente.

La pieza del Escudo de Battersea que se conserva hoy es el revestimiento exterior de bronce de un escudo que normalmente tendría un soporte de madera y tal vez algún tipo de correa o acolchado para el usuario. Estos materiales hace tiempo que se degradaron, pero la placa de bronce es impresionante.

Escudo de Battersea
Museo Británico, CC0, vía Wikimedia Commons;
https://commons.wikimedia.org/wiki/File:British_Museum_Battersea_Shield.jpg Imagen invertida

El Escudo de Battersea, actualmente en el Museo Británico, es un importante ejemplo de la antigua artesanía celta, ya que contiene cuatro piezas estructurales de bronce y tres decorativas, todas ellas fusionadas aparentemente por arte de magia. El herrero fue capaz de ocultar los puntos de unión de las piezas en su diseño general, de modo que las piezas se mantienen unidas a la perfección. Este magnífico escudo está decorado con tachuelas ornamentales de vidrio rojo. El museo insiste en que el escudo se fabricó en Gran Bretaña, pero el estilo de La Tène y el diseño celta lo contradicen.

¿Por qué eran tan importantes los escudos celtas?

La fabricación de escudos en las Edades del Hierro y del Bronce aportó nuevas técnicas que los hicieron más útiles para proteger realmente al portador de los ataques. Las espadas celtas eran enormes y temibles, y los escudos debían estar hechos para resistir estos ataques.

En la cultura celta, las armas, las armaduras y los escudos parecían adquirir personalidad y atributos propios, y los guerreros celtas solían considerar sus armas y equipo como compañeros de batalla y no como instrumentos sin sentido. Había un famoso escudo llamado Ochain, del que se dice que gritaba cuando su dueño estaba en peligro. Su grito hacía que todos los demás escudos del Ulster chillaran con él.

El diseño de escudo predominante en el Mediterráneo antiguo y, por tanto, en la mayor parte de Europa, era redondeado. Pero los celtas preferían hacer sus escudos altos y planos, como rectángulos, con una protuberancia que sobresalía del centro. Esto era simplemente para beneficio del usuario, ya que añadía más espacio para su brazo, dando así a la persona una mayor maniobrabilidad. Por supuesto, se tardaba tiempo en conseguir el diseño adecuado; los clavos que sujetaban el escudo a menudo perforaban el brazo del portador en caso de impacto, por lo que había que retocar el diseño.

Había escudos hechos específicamente para la batalla, y estos podían tener un adorno central donde estaba la protuberancia, pero poco más en cuanto a ornamentación. Y luego estaban los escudos como el de Battersea, hechos específicamente con fines ornamentales y/o ceremoniales. Los miembros de la realeza y los caciques solían llevar escudos decorativos para ser enterrados con ellos. Los arqueólogos han descubierto muchos escudos de los celtas en muy buen estado porque tenían la costumbre de sacrificarlos a los dioses arrojándolos a ríos y lagos, lo que los ha conservado en excelentes condiciones.

Hablemos de La Tène

Después de los estilos Hallstatt y de los campos de urnas, más bien utilitarios y geométricos, llegó el estilo La Tène, que debe su nombre al yacimiento, el pueblo de La Tène, en Suiza, donde se encontraron miles de artefactos de este estilo distintivo.

Lo que hace que este estilo sea único y prevalezca en todas las civilizaciones celtas, tanto en las islas como en el continente europeo, es la madurez del pensamiento estilístico durante el proceso de creación y la idea de belleza y funcionalidad. Gran parte de este estilo artístico sobrevive porque alrededor de la época en que se estaba desarrollando La Tène, entre 480 y 190 a. e. c., estas antiguas civilizaciones cambiaron la cremación por el enterramiento como método preferido para enterrar a los muertos. Por eso sobrevivieron tantos de estos artefactos.

El arte de La Tène es el responsable de los magníficos torques dorados, los intrincados broches y las armas y objetos cotidianos (platos, vasos, cuchillos, accesorios para el pelo, etc.) cuidadosamente tallados y decorados por los que eran famosos los celtas. En este periodo florecieron el diseño y la expresión celtas.

En este periodo aparecen las conocidas volutas en S entrelazadas, los patrones de follaje curvado y otros motivos anudados, que perduran hasta nuestros días. Es similar a los motivos nórdicos de los escudos y a su propio arte y metalistería. Algunos animales incluidos en estos famosos diseños celtas eran lobos, búhos, serpientes y feroces jabalíes. Los celtas incluso incluían formas humanas y a veces figuras de su panteón e historias mitológicas en sus carros y armas.

Es importante señalar que el estilo de La Tène, intrínsecamente celta insular (a pesar de la idea predominante entre los historiadores de que la «madurez estilística» de la época procede del contacto con griegos y romanos), se encuentra en los tejidos, la metalistería e incluso en las tallas de piedra y madera conservadas. Sin embargo, casi no existen pinturas, esculturas o cerámicas de este estilo. Esto es interesante porque nos muestra a qué objetos los celtas otorgaban una reverencia y un respeto especiales, qué objetos exhibían y cuáles creaban simplemente por su utilidad.

Capítulo 11: Rituales celtas

Tal vez le sorprenda saber que algunas de las actividades cotidianas que los irlandeses, e incluso los habitantes de todo el mundo, realizan hoy en día tienen su origen en rituales practicados hace dos mil años.

Una de las principales tradiciones es la narración de cuentos. Cuando la civilización celta surgió, se extendió y floreció, todo se seguía transmitiendo oralmente. Incluso los ritos druídicos y el conocimiento nunca fueron escritos —todos los druidas y sus acólitos tuvieron que memorizar el canon entero del conocimiento druídico. Los druidas eran tan reservados que los druidas neopaganos modernos solo pueden adivinar lo que sus antiguos predecesores realmente creían y practicaban.

No, la narración de cuentos, un pasatiempo todavía muy vivo en Irlanda y en el que los irlandeses son bastante adeptos, proviene de que los celtas tenían una rica tradición de transmitir sus cuentos y sus historias reales a través de la tradición oral. No fue hasta la llegada de los monjes a Irlanda cuando estos cuentos e historias empezaron a registrarse.

Una de las razones por las que los cuentos y las historias antiguas han sobrevivido es que los bardos, los guardianes de los cuentos, trabajaron junto a los monjes, mientras se les permitió, para mantener viva la cultura celta, al menos en forma de cuento, si no en la práctica. Con la llegada de san Patricio, se prohibieron las ofrendas de bardos y druidas a los demonios, así como los sacrificios de animales.

La importancia del fuego

Los celtas creían que el fuego era purificador, por eso encendían hogueras gigantes en casi todos sus festivales anuales. El fuego representa la luz, el sol, el calor y la fertilidad. Las sociedades celtas incineraron a sus muertos hasta el siglo V a. e. c., al igual que muchos otros pueblos de la antigüedad, y muchos aún lo hacen en todo el mundo.

Se dice que el fuego mantiene alejados a los malos espíritus, y es fácil dar este salto. Los pueblos de la Edad del Bronce estaban expuestos a muchos peligros, entre ellos los animales salvajes y otras personas que podían desearles algún mal. El fuego contribuía a crear un sentimiento de comunidad y seguridad, ya que a menudo se contaban historias junto al fuego. Los humanos siempre han tenido una estrecha relación con el fuego, y aún hoy, sentados alrededor de una hoguera y mirando las llamas, podemos recordar a nuestros antepasados que hacían lo mismo.

A menudo se sacrificaban animales al panteón celta en hogueras durante los días de fiesta, aunque esto fue proscrito más tarde por los monjes cristianos y san Patricio.

Acontecimientos del ciclo vital en la sociedad celta

Naturaleza

En general, los celtas consideraban sagrados los lugares naturales de gran belleza, como los bosques, los arroyos, las cascadas o los ríos. Estos lugares a menudo no estaban señalizados para uso ritual, pero con la misma frecuencia estaban marcados con pequeños santuarios y lugares donde se hacían ofrendas.

En estos santuarios, los druidas tomaban ofrendas de las comunidades a las que servían, como granos, joyas, carne fresca, miel, frutas selectas y otros bienes valiosos, y los entregaban a los dioses a los que servían en estos lugares sagrados de la naturaleza. Si se ofrecía un bien como un arma, un escudo, una pieza de cerámica o una obra de arte, a menudo se rompía antes de ofrecérselo a los dioses.

La tradición de dejar leche para los *púcaí* o hadas, que aún hoy practican algunas personas supersticiosas, puede haber tenido su origen en las ofrendas rituales a los dioses celtas de antaño.

Mucha gente sigue quemando salvia como agente purificador tras una mala experiencia o para asegurarse de que una zona está a salvo de espíritus dañinos. Esta era una práctica que los druidas empleaban a menudo. La combinación del poderoso olor de la salvia y las propiedades purificadoras del fuego se unían para santificar lugares y personas. Para limpiar a una persona, se le untaban las cenizas de la salvia quemada, normalmente en la frente.

Fiestas

En el capítulo 5 mencionamos las principales fiestas que los celtas celebraban a lo largo del año. Muchas de ellas se siguen celebrando hoy en día, aunque bajo la apariencia de celebraciones cristianas (el día de Santa Brígida en Imbolc/1 de febrero y Navidad/Yule). Halloween y el Día de Todos los Santos, el 1 de noviembre, es el cambio más notable; originalmente, era la celebración de Samhain. Sin embargo, los wiccanos y neopaganos de todo el mundo siguen celebrando Samhain sin sacrificios humanos ni animales.

Niños

Las creencias celtas sobre los niños coinciden con lo que todo el mundo occidental pensaba de ellos hasta la Revolución Industrial. A los niños no se les consideraba humanos plenamente formados hasta que podían hablar, lo que ocurriría entre los dos y los tres años de edad. Sin embargo, si un niño moría, existía una gran yuxtaposición entre cómo se lo percibía en vida y cómo se lo enterraba. Las tumbas infantiles de los enterramientos celtas estaban positivamente engalanadas con joyas y objetos de valor. En la muerte, parece que las familias compensaban en exceso la forma en que consideraban a sus hijos en vida.

Bodas

Se enciende incienso para purificar el aire y se realiza un ritual de lavado de manos en varias fases de la ceremonia. Estos rituales se siguen celebrando hoy en día en las bodas celtas. Los cónyuges encienden tres velas, que representan la unidad. Una vela representa a las familias de cada uno de los cónyuges, y la tercera y última vela que encienden representa la creación de una nueva familia.

También hay una tradición que viene de Escocia, aunque de origen celta, y es la Piedra del Jurado. Los novios sostienen una piedra en el lugar donde celebran la ceremonia nupcial, que siempre es al aire libre. La piedra representa a los antepasados y a la tierra, y mientras los novios se hacen promesas, sostienen juntos la piedra. También es una forma de pedir a los antepasados y a la naturaleza que bendigan su unión. Tras los votos matrimoniales, la piedra se arroja al río. A veces, la pareja conserva la piedra después de la ceremonia.

Un ritual significativo que suele estar presente en las bodas celtas es la oración de protección. Se traza un círculo alrededor de la pareja para protegerla en su propia dimensión separada, como hacían los druidas con las piedras erguidas y los santuarios circulares. Estos círculos pueden hacerse con piedras, flores o trozos de madera.

Matrimonio y divorcio

Hombres y mujeres eran escandalosamente iguales en la sociedad celta de hace dos mil años. No está claro si las mujeres podían llegar a ser druidas o bardos, pero podían ocupar otros cargos de autoridad y tenían libertad para casarse con quien quisieran según la ley tribal celta. No siempre fue así, pero hombres y mujeres tenían derechos similares, si no iguales, ante la ley. Los druidas eran los guardianes de la ley, y si un jefe se ganaba la lealtad de un druida corrupto, podía torcer la ley a su antojo.

En realidad había *nueve* tipos de matrimonios que podían tener lugar en la Irlanda celta.

1) El hombre y la mujer asumen por igual la responsabilidad económica durante su unión.
2) El hombre contribuye más económicamente.
3) La mujer contribuye más económicamente.

En estos tres casos, que eran los más comunes, no se exigía dote, pero la novia se llevaba sus objetos de valor, que quedaban en su poder. En caso de divorcio, ella tenía sus propias posesiones y no dependería de otras partes. Cuando decimos contribución económica, nos referimos a las posesiones que entraban en el matrimonio, ya que el trabajo dentro del matrimonio solía ser la agricultura y las tareas domésticas habituales. Estos tres acuerdos matrimoniales fueron precursores del acuerdo prenupcial moderno.

4) Un hombre simplemente se muda con una mujer.
5) La pareja se fuga sin permiso de la familia de la novia.
6) Secuestro involuntario, es decir, sin consentimiento de las familias.
7) «Cita secreta», que puede interpretarse en el sentido de que la pareja se conoce sin el conocimiento de ninguna de sus familias y finalmente se fuga o hace pública su relación.
8) Matrimonio por violación.
9) Matrimonio de dos locos. Este caso se presta a interpretación.

La poliginia, o tener dos o más esposas, estaba permitida, pero las mujeres no podían tener más de un marido, al menos según la ley. Sin embargo, no se exigía que ambas partes fueran monógamas.

Una mujer puede divorciarse de su marido si este la ha seducido o mentido para que acepte casarse con él, si es impotente o demasiado obeso para mantener relaciones sexuales con él, si la abandona para mantener relaciones sexuales exclusivamente con hombres, si la golpea hasta dejarle marcas visibles, si no la mantiene y si la abandona por otra mujer. Una mujer puede incluso divorciarse de su marido si descubre que cuenta cuentos sobre su vida sexual.

Entre los motivos para que un marido se divorciara de su mujer se encontraban el maltrato físico o verbal, la huida con otro hombre o la esterilidad. Pero la petición de divorcio por parte de la mujer era mucho más común, si es que el divorcio era común.

Muerte

En la mayoría de los casos, no está claro cómo se vestía a los difuntos antes de enterrarlos, pero sí sabemos por las numerosas pruebas arqueológicas que se celebraban banquetes cerca de las tumbas para honrar a los difuntos, y sabemos que se los enterraba con vasijas llenas de alimentos. Si el difunto era un guerrero, se lo enterraba con su armadura, arma y escudo. Si el difunto era un tejedor, se lo enterraba con las herramientas de su profesión: huso, telar, tal vez incluso rueca, agujas y otros materiales textiles.

Los muertos eran enterrados con sus joyas y objetos de valor, a menos que algunos se reservaran como reliquias hereditarias. Los objetos que se enterraban con los muertos solían romperse ritualmente antes de ser enterrados, al igual que las ofrendas a los dioses que hemos mencionado antes.

TERCERA PARTE:
Patrones de cambio
(430- 600 e. c..)

Capítulo 12: Llega san Patricio, 432 e. c..

Paladio

A Patricio se le atribuye la introducción del catolicismo en Irlanda, que ha configurado en gran medida su identidad nacional. Sin embargo, hay razones para sospechar, basándose en la correspondencia papal y en los registros que existen desde el año 430, que san Patricio no fue el primer misionero católico en la isla Esmeralda.

Ese título pertenece a Paladio, un obispo recién ordenado cuya familia procedía de la Galia. Fue enviado por el papa a los creyentes que ya existían entonces en Irlanda. Dado que se considera que san Patricio desembarcó en Irlanda en 432, se estima que el viaje de Paladio tuvo lugar apenas un año antes.

Hay que tener en cuenta que los misioneros eran enviados a lugares lejanos con dos objetivos. Uno era llevar el cristianismo a personas que nunca habían oído hablar de Jesús y donde no había ninguna iglesia o monasterio establecido. El otro propósito era reforzar a los creyentes que ya estaban allí y asegurarse de que seguían la ortodoxia establecida por la Iglesia católica romana (recuerde que era la única rama del cristianismo que existía en aquella época). De vez en cuando surgían sectas que tenían ideas diferentes (no ortodoxas) de las que profesaba la Iglesia.

En el momento en que Paladio fue ordenado, el papa deseaba que controlara a la gente de Bretaña y se asegurara de que, si estaban involucrados en algún tipo de herejía, los devolviera al camino ortodoxo, por así decirlo. La principal amenaza en ese momento era el pelagianismo, que enfatizaba la naturaleza humana de Cristo y sugería que los aspectos divinos y humanos de Jesús existían vagamente juntos en una entidad. Pelagio también afirmaba que los humanos nacían buenos, por lo que los bebés nacían sin pecado (en lugar de la idea predominante del pecado original). Pelagio creía que los cristianos podían alcanzar su propia salvación. Una vez que aceptaban a Jesús como Cristo, eso les impediría siquiera querer pecar, y simplemente vivirían una vida recta y ascética. Pelagio fue tachado de hereje y se enviaron obispos al continente europeo y a Asia Menor para asegurarse de que sus seguidores abandonaban sus creencias erróneas.

Paladio fue enviado en misión a los creyentes de Gran Bretaña e Irlanda. No está claro si debía visitar a los escoceses o a los celtas, pero probablemente fue primero a Irlanda. Cuando llegó a Wicklow, fue desterrado por el rey de Leinster. Después fue a visitar a los escoceses en Gran Bretaña. Por lo tanto, es prácticamente olvidado como el primer obispo en Irlanda, y esto es por varias razones.

Una de las razones por las que se pasa por alto a Paladio y su misión es que, históricamente, el registro difuminó los límites entre él y Patricio. Dado que Patricio probablemente regresó a Irlanda como obispo (contaremos su historia en breve —no era la primera vez que iba a Irlanda) al año siguiente de la fallida misión de Paladio, los registros confunden a ambos, incluidas las fechas de sus muertes.

Sin embargo, tenemos pruebas suficientes para concluir que Paladio sí realizó su misión a Irlanda, estuvo allí muy brevemente y luego regresó a donde se sentía más cómodo. La mayoría de los informes que tenemos ahora dicen que él y sus compañeros fueron desterrados casi tan pronto como llegaron a Wicklow. Algunos relatos dicen que Paladio fue entonces asesinado, pero esta no es la opinión mayoritaria. La mayoría de los historiadores se aferran a la historia de que Paladio se dirigió a los escoceses en Gran Bretaña, así como a monasterios y congregaciones que ya se habían establecido. Y ahora san Patricio entra en la historia.

San Patricio, patrón de Irlanda

Si no está familiarizado con la historia de san Patricio, esta será un repaso fascinante a un famoso misionero. No sabemos con qué nombre nació Patricio; lo más probable es que adoptara el nombre de Padraig (irlandés) tras su ordenación y regreso a Irlanda. Fuentes de medio milenio después sugieren varios nombres con los que pudo haberse llamado de joven, pero no hay forma de saberlo con certeza.

Representación de san Patricio en una vidriera

De hecho, la fecha de su llegada también es incierta. Hemos mencionado que san Patricio regresó a las costas irlandesas en 432. Sin embargo, esta fecha puede haber sido elegida para maximizar la veneración de Patricio y minimizar cualquier información sobre la misión de Paladio, que ocurrió el año anterior. Esto se debe a que la primera datación del desembarco de Patricio fue un siglo después de lo que supuestamente ocurrió. Este es un ejemplo de cómo se escribe la historia al revés para favorecer a una persona en detrimento de otra.

Patricio no era irlandés. Creció como ciudadano romano en Gran Bretaña, pero fue robado por piratas irlandeses cuando era joven. Trabajó como pastor en Irlanda durante unos seis años. En su famosa *Confesión*, Patricio escribe que aún no era cristiano en el momento de su secuestro, a pesar de que su padre era diácono y su abuelo sacerdote.

Sin embargo, el tiempo de cautiverio entre sus ovejas le proporcionó amplias oportunidades para la reflexión y la oración, y fue durante su época de esclavo cuando el joven Patricio abrazó el cristianismo.

Tras seis años como pastor, Patricio escribe que oyó una voz que le decía que huyera a un barco, que volvía a casa. Patrick viajó más de doscientas millas hasta un puerto, y finalmente convenció al capitán de uno de los barcos para que lo dejara subir a bordo.

Una vez convencido el capitán de que este desaliñado esclavo fugado se uniera al viaje, navegaron durante tres días y desembarcaron en Gran Bretaña. La tripulación vagó por el país durante un mes. Se cuenta que estaban cansados, hambrientos, malhumorados y desaliñados cuando Patricio rezó para que la tripulación se alimentara. Entonces se encontraron con varios jabalíes y el capitán empezó a ver a Patricio con otros ojos.

Finalmente, Patricio regresó con su familia y se ordenó obispo. Escribió que tuvo una visión de un santo que le traía una carta del pueblo de Irlanda, dándole la bienvenida y diciéndole que lo necesitaban mucho. Curiosamente, Patricio también desembarcó en Wicklow, al igual que Paladio, y al igual que Paladio, fue expulsado. Sin embargo, a diferencia de su predecesor, del que probablemente no sabía nada, Patricio simplemente viajó más al norte hasta que encontró un lugar donde era bienvenido.

Ahora bien, ¿por qué tuvo tanto éxito Patricio en cambiar la faz de Irlanda para siempre, plantando y sembrando las semillas del catolicismo que aún hoy crecen? Muchos dicen que fue porque Patricio había vivido y trabajado entre los irlandeses, y aunque fue tomado como esclavo por un amo irlandés, no les guardaba rencor en absoluto. Amaba a los irlandeses y, a diferencia de muchos misioneros que le precedieron en otros lugares, respetaba sus prácticas paganas. Su misión fue un éxito rotundo, porque se acercó a ellos con amor y un poco de compromiso.

Patricio pudo explicar a los celtas conceptos difíciles, como la Trinidad (Padre, Hijo y Espíritu Santo), utilizando el trébol de tres hojas que crecía por toda Irlanda. Es una planta, pero tiene tres partes esenciales que se unen para formarla. También contribuyó a fusionar las fiestas celtas, como Imbolc y Samhain, con las fiestas y festivales cristianos. San Patricio es una de las razones por las que tenemos cruces de pie tan hermosas y otras piezas que fusionan el arte celta y la iconografía cristiana, porque se les permitió coexistir hasta cierto punto.

Patricio condenaba el sacrificio de animales y, sobre todo, el sacrificio humano, pero a menudo utilizaba las ideologías existentes de los celtas para explicar conceptos sobre el Dios cristiano, como la veneración de los celtas por la naturaleza (Dios la creó).

Esto no significa que la época de Patricio entre los irlandeses fuera fácil. De hecho, se parecía a su época de esclavo. Como se negaba a aceptar regalos de miembros destacados de la sociedad, los ofendía y, a su vez, no tenía a nadie que lo protegiera. Fue golpeado y robado muchas veces, e incluso pasó dos meses como esclavo de nuevo en un momento dado.

Sí, Patricio utilizó el trébol para difundir la noción de la Santísima Trinidad por toda Irlanda. Sí, cambió algunas de las prácticas celtas que repugnaban a la Iglesia y fusionó las celebraciones cristianas con otras prácticas. No, no desterró las serpientes de Irlanda. Irlanda nunca ha tenido serpientes, así que esta historia no es más que uno de los muchos relatos apócrifos de fantasía que se asocian a alguien cuya historia vital no cuenta con muchas fuentes contemporáneas. Tenemos los escritos del propio Patricio, la *Confesión* y la *Epístola*, esta última una carta a los soldados de un hombre que fue excomulgado por esclavizar a algunos de los conversos de Patricio. Pero son breves y carecen de detalles.

Patricio se ganó al pueblo irlandés sobre todo porque concentró sus esfuerzos en las figuras prominentes de la sociedad. Una vez que los reyes se convertían, sus súbditos solían seguirles. También convirtió al cristianismo a muchas mujeres ricas. Si las familias de estas mujeres se oponían a su elección, las mujeres simplemente se marchaban con su dinero y se unían a los conventos, patrocinando su convento y la construcción de otros. En el siglo que siguió a la muerte de Patricio se produjo una enorme oleada de monasterios y conventos, y esto se debe a él y a sus seguidores. Predicó incansablemente en Irlanda durante cuarenta años, convirtiéndose en el santo más venerado de la historia irlandesa. Su festividad, el 17 de marzo, es bastante tranquila incluso en Irlanda; en el extranjero, su estridente celebración, parecida a una juerga, probablemente conmocionaría a san Patricio.

Capítulo 13: Paganismo frente a cristianismo

Esperamos que los capítulos anteriores sobre los celtas y su cultura y prácticas le hayan proporcionado algún tipo de descripción de sus creencias, a las que en tiempos modernos nos referimos simplemente como paganismo. Cada cultura alrededor del mundo tiene ancestros que practicaron (y algunos aún practican) formas de paganismo o animismo, que son religiones específicas de esa región o país y usualmente involucran la adoración a la naturaleza y/o a los ancestros. En este capítulo nos referiremos al paganismo celta.

Uno al lado del otro

Paganismo	Cristianismo
Muchos dioses, unos más poderosos que otros, personalidades diferentes, algunos vengativos y otros benignos, todos a quienes venerar.	Un Dios, manifestado en la Tierra en la forma de Jesús de Nazaret. El Espíritu Santo es la tercera parte del Dios trino, que se explica más adelante.
Dioses apaciguados y complacidos con ofrendas, festivales y sacrificios. Los dioses	Dios simplemente desea que todos se amen los unos a los otros. Jesús fue el sacrificio que resucitó a los

también son venerados y complacidos con la narración de sus halagüeñas hazañas y leyendas.	tres días. Cuando dejó la Tierra para ir al cielo, dio a sus seguidores el Espíritu Santo, representante de Dios en la Tierra.
Los festivales incluyen Samhain, Yule, Imbolc, Ostara, Beltane, Litha, Lugnasad y Mabon. Todas ellas se basan estacionalmente en los cambios de año y los equinoccios/solsticios. La Rueda del Año gira esencialmente en torno a la naturaleza y la cosecha.	Las principales fiestas son las de los santos, que pueden sustituir o no a las celebraciones paganas; la Navidad, que se colocó durante Yule para celebrar el nacimiento de Jesús; y la Pascua, que ocupa el lugar de Ostara en primavera.
La naturaleza es sagrada, sobre todo cuando se trata de arboledas sagradas, majestuosas cascadas, impresionantes cimas de montañas o caudalosos ríos y profundos lagos.	Los lugares santos son sitios donde los santos realizaron milagros; los monasterios y las iglesias son lugares donde los creyentes se reúnen para rezar.
No existe una autoridad central; cada hogar puede observar ciertas prácticas de forma diferente. Sin embargo, si hay un problema grave, se puede recurrir a los druidas para que lo resuelvan.	Las congregaciones formadas por familias de un mismo pueblo escuchan a su sacerdote; las zonas más grandes tienen obispos. Son representantes del papa y sus portavoces.
Los druidas poseen toda la sabiduría y los conocimientos asociados a la veneración de la naturaleza, la adivinación, la interpretación de la voluntad de los dioses y el asesoramiento a los dirigentes civiles. No existe	Los monjes locales son la razón por la que tenemos tanta información sobre el paganismo celta. Lo escribían *todo*, y en el siglo V es cuando empezamos a ver una explosión de escritura y

un canon escrito: todo se transmite oralmente para mantener el secreto.	manuscritos iluminados en Irlanda.
Al principio se incineraba a los muertos, pero esta práctica acabó desapareciendo a medida que la gente enterraba a sus muertos en túmulos con muchos objetos personales.	Los cementerios comunitarios en las aldeas mantenían a los muertos agrupados.
La naturaleza es la autoridad final absoluta. Las aguas, los bosques y las montañas deben contemplarse con asombro y adoración. El fuego es purificador y esencial.	Dios debe ser venerado por haber creado la naturaleza; la naturaleza nunca debe ser venerada por sí misma.
Hechizos, amuletos, encantamientos especiales y prácticas cotidianas como el encendido de velas y el pago de tributos en forma de exvotos desempeñan un papel muy importante en la práctica diaria de la veneración de los dioses.	Solo hay un Dios, y se lo venera a través de la oración. En el siglo V, todavía era raro que la gente que no fuera el clero y los monjes supiera leer, pero escuchar la Biblia era otra forma de venerar a Dios.
La brujería (las prácticas mencionadas) formaba parte de la vida cotidiana, especialmente durante festivales importantes como Samhain y Lugnasad.	La brujería estaba prohibida. San Patricio tuvo tanto éxito en su labor misionera porque utilizó las prácticas paganas para explicar las ideas y prácticas cristianas. Modeló gran parte de los pensamientos de sus conversos utilizando aquello con lo que ya estaban familiarizados.

Valores fundamentales: fuerza, respeto por la naturaleza, sintonía con las estaciones, virtuosos, hospitalarios, fieros en la batalla.	Valores fundamentales: adorar a un Dios, amar al prójimo como a uno mismo, difundir el mensaje de Jesucristo.

Tanto el paganismo como el cristianismo tienen marcos para la vida después de la muerte, aunque son diferentes. Es obvio que los celtas creían en la vida después de la muerte porque, incluso antes de que empezaran a enterrar a sus muertos en lugar de incinerarlos, los difuntos eran enterrados con todo lo que necesitarían para su próxima vida. A diferencia del concepto de Valhalla para los nórdicos, es difícil precisar cómo pensaban los celtas que sería el más allá. Evidentemente, pensaban que sería muy parecido a este mundo, ya que enviaban a sus muertos con comestibles, bebidas, armas, materiales para tejer y, a veces, incluso animales domésticos.

El concepto cristiano de la muerte y de la vida después de la muerte era bastante nuevo en aquella época; solo habían transcurrido cuatro siglos desde la muerte de Jesús de Nazaret y, aunque la religión se estaba abriendo camino en Europa y Asia Menor, el cristianismo aún tenía un largo camino por recorrer. Los cristianos de la época sí pensaban que los creyentes en Cristo se reunirían con él en el cielo, y era habitual que fueran enterrados en cementerios que albergaban tanto a paganos como a cristianos en pueblos o ciudades. Ser enterrado en terrenos monásticos estaba reservado a los clérigos y a quienes ocupaban cargos poderosos en la comunidad.

Hay una historia de san Patricio en la que reza a Dios para que le ayude a hacer que los paganos de Irlanda crean en Dios, y Dios le da una visión del purgatorio. Dios le dice a Patricio que mostrar esta visión a la gente los convencerá. Se trataba de una poderosa imagen de lo terrible que era el fuego del infierno, así como de la gloria y la alegría del cielo. El concepto católico del purgatorio, el cielo y el infierno ya estaba bien formado en este punto, gracias a la información recibida de varios papas y líderes eclesiásticos.

Una cosa ingeniosa o indignante, según se mire, fue que líderes cristianos como san Patricio utilizaran fiestas que los celtas ya celebraban y se las apropiaran como fiestas del calendario cristiano. Se trata de un fenómeno empleado por muchos clérigos y misioneros en todo el mundo occidental para convertir a los paganos al cristianismo. En Irlanda tuvo mucho éxito. Sin embargo, hasta el día de hoy, los cristianos celebran la versión cristiana de la festividad, y los paganos modernos (neopaganos) hacen todo lo posible por recrear las fiestas paganas de un modo que consideren respetuoso y auténtico con las prácticas de sus antepasados.

Tanto el catolicismo irlandés como el paganismo celta representan identidades nacionales que a veces están enfrentadas, pero que, en ocasiones, colaboran para alcanzar objetivos comunes. Por ejemplo, los monjes trabajaban estrechamente con los druidas para registrar las prácticas cotidianas de los celtas para la posteridad, así como otros conocimientos que los druidas querían compartir con ellos. Eran hombres cultos que hablaban respetuosamente entre sí. Aunque la violencia y la ira estallaron entre los antiguos y los nuevos, el catolicismo y el paganismo en Irlanda habían vivido bastante pacíficamente durante al menos un siglo. Los católicos se peleaban mucho más encarnizada y ferozmente con los protestantes que con los paganos.

Después de todo, el paganismo es una creencia pacífica, que solo en contadas ocasiones invoca a los dioses para la guerra y utiliza el sacrificio humano. El cristianismo definitivamente tiene una historia mucho más sangrienta, con sus líderes evitando las enseñanzas seguidas por la iglesia primitiva (amar, ayudar y curar) y siguiendo los caminos que les daba la gana. Las cruzadas son un excelente ejemplo, al igual que los pogromos contra los judíos y las luchas internas entre católicos y protestantes. El paganismo nunca fue responsable de niveles de violencia como los de esas tragedias históricas.

Capítulo 14: El declive de los celtas y el paganismo

El surgimiento del cristianismo

Los siglos V y VI en Irlanda vieron el surgimiento del catolicismo y el declive del paganismo celta. A pesar de que san Patricio y otros clérigos de la isla se apropiaron ingeniosamente de las fiestas paganas y las rebautizaron como cristianas, utilizaron la iconografía celta para explicar su nuevo mensaje y colaboraron estrechamente con los druidas para escribir la historia reciente, el paganismo siguió cayendo en los márgenes mientras el catolicismo se imponía.

En muchos países y regiones del mundo, el catolicismo coexiste con prácticas paganas autóctonas como el animismo y el culto a los antepasados, y en Irlanda también había cierto sabor a eso. Los laicos (personas que no formaban parte de la cúpula eclesiástica) solían mezclar las prácticas con las que habían crecido y las nuevas ideas que habían aceptado sobre la existencia de un único Dios en forma de Santísima Trinidad. Técnicamente, el propio cristianismo lo prohíbe expresamente y exige devoción solo a Jesús; sin embargo, vigilar a los aldeanos en zonas rurales alejadas siempre ha sido un reto.

Aunque los celtas irlandeses pudieron mantener vivas algunas de sus antiguas prácticas, la mayor parte de Irlanda se pasó al catolicismo en los tres siglos siguientes al ministerio de san Patricio. Irlanda llegó a ser conocida y aún se la apoda la «tierra de santos y eruditos» por la explosión virtual de monasterios e iglesias fundados a partir de los siglos

V y VI.

¿Por qué tuvo tanto éxito este florecimiento de monasterios y conventos en la Irlanda del siglo V? Para responder a esta pregunta, primero hay que analizar el modelo de la misión principal de san Patricio, que consistía en viajar a cada uno de los muchos pequeños reinos que formaban el conjunto de Irlanda y predicar su mensaje al rey del lugar. Fueron cuatro décadas de trabajo, ya que Irlanda tenía muchos de estos pequeños reinos, pero si Patricio lograba convertir al rey, la nobleza y los plebeyos acabarían siguiéndole. Por supuesto, san Patricio pasó mucho tiempo con los aldeanos rurales, pero su principal plan de acción era comenzar con los que estaban en el poder y trabajar hacia abajo.

Como Irlanda estaba dividida en tantos reinos y focos de autoridad, la naturaleza descentralizada de los monasterios y conventos encajaba perfectamente en esta cultura de independencia y autosuficiencia. De hecho, la mayoría de estas instituciones tenían sus propias granjas, animales, tejedores, herreros, caballos y cualquier otra cosa que pudieran necesitar. Los monjes se pasaban el día ilustrando manuscritos, recopilando la tradición oral celta y plasmando esa información en papel. En la vida monástica había mucho menos apego a los caprichos o a la autoridad del papa, lo que les venía muy bien a los irlandeses. Esto no significa que el clero o los monjes se opusieran al papa; simplemente, estaban acostumbrados a gobernarse a sí mismos, y el modelo que ya habían establecido los muchos reinos se adaptó rápida y fácilmente a la cristianización de Irlanda.

Página ilustrada del Libro de Mateo
https://en.wikipedia.org/wiki/File:LindisfarneFol27rIncipitMatt.jpg

Apropiación de las fiestas

Samhain es fácilmente la más reconocible de las fiestas paganas que la Iglesia católica adoptó y cambió para adaptarla a su agenda. Incluso hoy, cuando aprendemos sobre Halloween, sabemos que es una tradición que llegó con los inmigrantes irlandeses a Estados Unidos durante la Gran Hambruna irlandesa. Lo que a veces también se discute son las raíces paganas de Halloween, que datan de mucho antes del siglo XIX.

El 31 de octubre empezó a conocerse como *All Hallows' Eve* (Víspera de Todos los Santos) y con el tiempo se acortó a Halloween.

En la Irlanda cristiana comenzaron a desarrollarse prácticas que eran a la vez familiares (disfrazarse, fabricar amuletos protectores, comer golosinas especiales, etc.) y nuevas. Algunas de las nuevas explicaciones de la fiesta es que, en lugar de vestirse con disfraces y máscaras especiales para no enfadar a los espíritus oscuros, la gente se ponía esta protección para ahuyentar al mismísimo Satanás. El concepto de diablo era ajeno a los celtas, pero no el de seres espirituales malévolos. Cada Samhain, cada familia fabricaba un amuleto para protegerse de estos seres y lo colgaba en la puerta. Se parece a la cruz de santa Brígida, que sin duda se adaptó a partir de estos amuletos, y no al revés.

Cruz de santa Brígida, probablemente apropiada de la diosa Brigid
Culnacreann, CC BY 3.0 <https://creativecommons.org/licenses/by/3.0>, vía Wikimedia Commons; https://commons.wikimedia.org/wiki/File:Saint_Brigid%27s_cross.jpg

Las linternas (*Jack-o'-lanterns* en inglés), como se las conocía, se utilizaban como farolillos para los que iban de casa en casa, o se colocaban en los umbrales o porches para ahuyentar a los malos espíritus. Estas prácticas se registraron hace quinientos años y, combinadas, podemos reconocer las prácticas modernas de «truco o trato» y de tallar calabazas. Sin embargo, había algunas diferencias. El truco o trato se originó probablemente a partir de la ya mencionada práctica de disfrazarse, en la que la gente se ponía disfraces e iba de casa en casa pidiendo comida (a veces *soul cakes*, un manjar especial de Samhain), combustible para las hogueras o incluso ofrendas a las hadas por la festividad. Esto se acompañaba de la práctica de tallar rostros monstruosos en nabos y utilizarlos para iluminar el camino o como tótems protectores fuera del hogar. El lector moderno puede ver fácilmente las tradiciones que conducen a nuestra práctica de las festividades de Halloween hoy en día.

Molde de escayola de una linterna de nabos
Rannpháirtí anaithnid en Wikipedia en inglés, CC BY-SA 3.0
<*https://creativecommons.org/licenses/by-sa/3.0*>, *vía Wikimedia Commons;*
https://commons.wikimedia.org/wiki/File:Traditional_Irish_halloween_Jack-o%27-lantern.jpg

Hay que tener en cuenta que todas estas actividades se siguieron practicando mucho después de la cristianización de Irlanda. Esas prácticas evolucionaron y cambiaron, pero la mayoría de las prácticas de Samhain se mantuvieron de alguna forma hasta que las autoridades eclesiásticas las prohibieron hace relativamente poco, como en los siglos XVIII y XIX. Entre ellas, hacer ofrendas de vino al mar y utilizar piedras para adivinar alrededor de las hogueras quiénes vivirían un año más. Algunos irlandeses nunca olvidaron estas prácticas y siguieron haciéndolas, mezclando las tradiciones de Samhain con su religión cristiana.

El Día de Todos los Santos acabó «sustituyendo» a Samhain, ya que el día posterior al 31 de octubre era la celebración oficial del punto intermedio entre el equinoccio de otoño y el solsticio de invierno. La Iglesia se apropió del 1º de noviembre como día para venerar a los santos, pero muchos de los rituales y prácticas para hacerlo, como encender velas, imitan el encendido de hogueras, que era tan propio de Samhain. Hacia el año 800, los cristianos irlandeses celebraban a todos los santos y mártires de la fe el 1º de noviembre, que pasó a conocerse como el Día de Todos los Santos. La víspera de Todos los Santos era, por supuesto, el 31 de octubre, pero se añadió un tercer día, el 2 de noviembre, llamado la Conmemoración de Todos los Fieles Difuntos. Este festival de tres días se conocía como *Allhallowtide* (o triduo de Todos los Santos). Este término es un poco desconocido para los que viven fuera de Europa, pero todavía se practica en muchas comunidades católicas hoy en día. En lugar de asegurarse de que los fantasmas enfadados no perturben la cosecha o dañen a la gente de la comunidad, en estos días se recuerda a los santos y mártires por sus sacrificios y se los conmemora.

La hábil reconversión de celebraciones que ya existían fue clave en el auge del cristianismo y el declive del paganismo en todo el mundo, pero es extremadamente evidente en Irlanda.

Monjes y monasterios

A menudo se atribuye a los monjes irlandeses el mérito de registrar y conservar los registros históricos, y sabemos mucho más sobre la Irlanda medieval de lo que jamás sabríamos sin sus diligentes estudios y registros. Estos monjes conocían el latín y el griego, y ayudaban a difundir enseñanzas espirituales y orientación a cada pueblo. No era raro que hubiera pequeñas comunidades monásticas en las fronteras de pequeños reinos. Los aldeanos ayudaban a los monjes en la agricultura y estos, a su vez, enseñaban a los aldeanos y les ayudaban con sus problemas. Sin embargo, el inconveniente de este acuerdo, en su mayor parte pacífico y beneficioso para ambas partes, era que si los reinos decidían entrar en batalla, se esperaba que los monjes se unieran a ella. Probablemente esto sorprendió a estos pacíficos hombres la primera vez que tuvieron que empuñar una espada y un escudo.

Además de los numerosos monasterios diminutos, muchos de los cuales no sobreviven hoy en día debido a lo perecedero de los materiales de construcción, hubo grandes monasterios que sí sobreviven en la actualidad. La mayor de las islas Aran, frente a la costa de Galway, Inis Mór, alberga el monasterio más antiguo que se conserva en Irlanda y probablemente el primero, el de San Enda. Ya no hay tejado, pero la estructura del edificio está claramente trazada, y es un lugar muy popular para visitar por su magnífica ubicación y la solemne historia que representa.

Glendalough, en Wicklow, alberga la «ciudad monástica». Este complejo de edificios y monumentos religiosos fue fundado por san Kevin en el siglo VI y recibe cada año entre 500.000 y 750.000 visitantes. Los visitantes pueden contemplar los restos de la Torre Redonda, el propio monasterio y preciosas cruces decoradas, así como algunas iglesias medievales en diversas condiciones.

Capítulo 15: Influencia celta y pagana en la Irlanda moderna

A lo largo de la dilatada historia de los celtas, hemos sido testigos de sus inicios en Austria y Suiza, hemos visto cómo se extendían hacia el este e incluso hacia el sur, hacia Turquía, y finalmente los hemos visto asentarse en Éire, la tierra del arpa, los mitos épicos, los santos y los eruditos, donde han cobrado vida algunas de las historias, leyendas y tradiciones más asombrosas que el mundo haya visto jamás. El declive de los celtas y de sus prácticas tradicionales relacionadas con la naturaleza no significó el fin de su cultura por completo; fue simplemente una evolución.

Por supuesto, los caciques dieron paso a los reyes, que a su vez dieron paso a la Iglesia, aunque gozaron de autonomía durante un tiempo, especialmente frente a los ingleses, que mantuvieron a Irlanda esclavizada durante tanto tiempo. Una de las razones por las que el arte, la lengua y las historias celtas se mantienen vivas hoy en día es que sirvieron de aglutinante para el nacionalismo irlandés, que cobró especial importancia en el siglo XX, cuando la batalla por la independencia irlandesa de Gran Bretaña se hizo vehemente y sangrienta.

Una razón importante para la supervivencia de historias como las de Cú Chulainn, Tír na nÓg y las leyendas de los Tuatha Dé Danann es que los druidas y los caciques contaban estas historias a los monjes, que luego las conservaban en manuscritos para que sobrevivieran durante generaciones. Las razones de las diferencias entre las versiones de las mismas leyendas tienen que ver con quién las contó y dónde se registraron, ya que es probable que cada tribu tuviera su propia versión.

Hoy en día, en las escuelas irlandesas se enseñan estas historias, como *Los hijos de Lir*, el origen del arpa y el folclore celta. ¿Por qué las escuelas se molestan en desempolvar estas antiguas historias? ¿Qué pretenden transmitir? La respuesta más sencilla es que los celtas, a través de las diferentes iteraciones de la historia celta (Edad de Bronce, Edad de Hierro y Edad Media), consiguieron mantener cierta cohesión de su cultura, independientemente de la tribu a la que pertenecieran. Por ejemplo, a las tribus germánicas les costó mucho más unirse que a las tribus de Irlanda, que siempre se consideraron parte del mismo pueblo. Por eso, a pesar de que el dominio romano llegó a Britania y permaneció allí durante siglos, Irlanda fue una tierra mucho más difícil de conquistar políticamente. Religiosamente, sin embargo, el país se sometió con mucha más facilidad. Esto tiene mucho que ver con la convicción de los misioneros y santos de la isla Esmeralda, sobre todo Patricio.

Los vestigios más evidentes del paganismo celta son la celebración de festivales que tradicionalmente se celebraban entre y en los equinoccios y solsticios, como Samhain y Lugnasad. Estos festivales se siguen celebrando hoy en día, solo que con nombres diferentes y sin sacrificios de animales. El encendido de velas ha sido una práctica destacada a lo largo de la historia, tanto para honrar a los muertos como para protegerse de las fuerzas de la oscuridad, y los católicos siguen haciéndolo, al igual que sus antepasados paganos.

A principios del siglo XX, el arpa se convirtió en el símbolo nacional de Irlanda, un estandarte para unir a los separatistas que luchaban contra los ingleses por su libertad. El arpa aparecía en la moneda irlandesa e incluso sigue apareciendo en las monedas de euro. Estos luchadores por la libertad (o terroristas, según se mire) contaban historias sobre Finn MacCool, Cú Chulainn, la jefa Boudica y todos los dioses y diosas del panteón celta para reforzar su coraje y avivar el fuego nacionalista en sus corazones para seguir luchando por su tierra. Al igual que los nativos americanos, los irlandeses siempre han tenido una profunda conexión con la tierra, y después de siglos de construir venerados lugares sagrados paganos y de luchar por la tierra arrebatada por los conquistadores, esa conexión no se abandona fácilmente. Estos lugares, como Newgrange y otros túmulos funerarios, cimas de montañas sagradas y lugares famosos como la legendaria piedra donde pereció Cú Chulainn, se convirtieron en puntos de encuentro, en cosas físicas y tangibles por las que valía la pena unirse y luchar.

El paganismo y el cristianismo se entrecruzan de otras formas. A menudo, las iglesias y biblias irlandesas están decoradas con símbolos como la cruz de Santa Brígida (originalmente un símbolo pagano de la diosa del mismo nombre), nudos Dara, tréboles e incluso el árbol de la vida, un símbolo muy conocido y utilizado en muchas tradiciones religiosas y culturales. De hecho, se sabe que el nudo de la trinidad, o triquetra, es anterior a la llegada del cristianismo e incluso se ha encontrado en iglesias noruegas de hace mil años. Se dice que es uno de los símbolos religiosos más antiguos que se conservan. Aunque hay algunos símbolos persistentes más populares, uno de los más antiguos es el trisquel, la triple espiral, que simboliza cosas en grupos de tres. Se puede elegir su significado. Los cristianos utilizan este antiguo símbolo pagano celta para representar al Padre, al Hijo y al Espíritu Santo. El trisquel también puede utilizarse para representar la tierra, el mar y el cielo; el pasado, el presente y el futuro; la vida, la muerte y el renacimiento; o cualquier otro elemento triple que a uno se le ocurra.

Triquetra
https://commons.wikimedia.org/wiki/File:Triquetra-circle-interlaced.svg

En el siglo XXI, los paganos celtas reconstruccionistas, o neopaganos, están empezando a revivir sus prácticas ancestrales. Aunque la República de Irlanda ha sido conocida durante mucho tiempo por su acérrima política conservadora, incluso en las últimas décadas se ha relajado en muchas de sus políticas y puntos de vista conservadores (sanidad, aborto, matrimonio, inmigración, etc.). También se ha producido un cambio religioso. Hoy, más que nunca, los ciudadanos irlandeses modernos se identifican con el ateísmo o no tienen ninguna afiliación religiosa. La población católica sigue siendo mayoritaria, pero aumentan las personas sin afiliación religiosa, así como quienes desean recuperar su herencia en forma de prácticas paganas celtas.

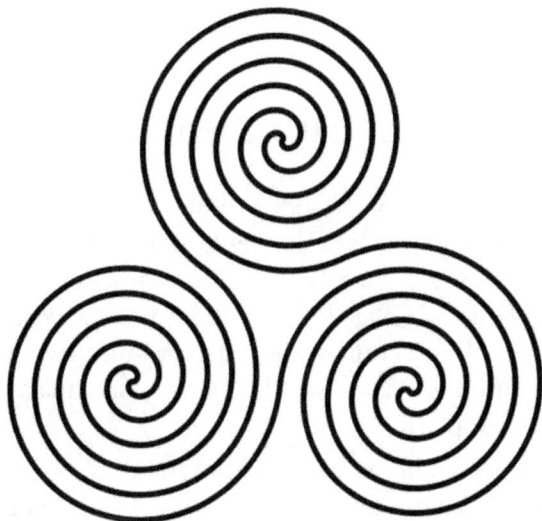

Trisquel

Los paganos irlandeses modernos practican Samhain de la forma más parecida posible a como lo hacían sus antepasados, encendiendo dos hogueras y caminando entre ellas para purificarse. También utilizan las hogueras para lanzar ofrendas de productos al Dagda y a la Morrigan. Hoy es más fácil que nunca practicar abiertamente estas tradiciones sin temor a las represalias de las autoridades opresoras. En la actualidad, muchos irlandeses practican las tradiciones nupciales que mencionamos en el capítulo 11, celebrando ceremonias en arboledas sagradas y haciendo que chamanes paganos dirijan estas ceremonias, que están profundamente conectadas con la naturaleza.

Conclusión

Simplemente paseando por Irlanda, ya sea en una ciudad, un parque nacional o en la naturaleza, especialmente por los acantilados de Moher, Newgrange o la Calzada del Gigante, uno puede sentir sus antiguas tradiciones y su belleza. Es fácil comprender la conexión que los druidas y los antiguos celtas sentían con la naturaleza y la tierra, y es comprensible que los irlandeses lucharan con uñas y dientes para recuperar su amada patria.

Los celtas de Irlanda eran guerreros orgullosos, pero eso no significa que fueran despiadados y sin compasión. Las mujeres gozaban de derechos sin precedentes durante la Edad de Bronce y la Edad Media. A pesar de su estilo de vida agrícola, que implicaba la tala de bosques para abrir paso a campos y pastos, los celtas sentían un profundo respeto por el medio ambiente que los rodeaba, además de utilizar prácticas agrícolas sostenibles y la demarcación de campos que se emplean en Gran Bretaña e Irlanda hasta nuestros días. Eran gente sana y robusta gracias a su dieta variada y abundante, que es una de las razones por las que prosperaron en suelo irlandés, a pesar de los desolados y áridos meses de invierno en la isla.

Las leyendas e historias de criaturas como el *dullahan*, el *pucá* y la infame *banshee* aún abundan en escuelas y hogares. Los irlandeses siguen siendo afamados narradores con el don de tejer grandes historias, y han perfeccionado sus habilidades con estas leyendas durante toda su vida. Todos los niños irlandeses pueden recitar cuentos sobre las hadas, así como el Tuatha Dé Danann y sus miembros más famosos. La mayoría de los adultos irlandeses conocen el origen del arpa, la historia la *Tierra de la Juventud* y *la tragedia de los hijos de Tuireann*. Estas historias no son solo cuentos: dan voz y retratan la identidad nacional de quienes sienten un orgullo feroz. Este orgullo está justificado, ya que procede de una larga estirpe de guerreros, sabios, obispos, santos, eruditos, luchadores por la libertad, revolucionarios, poetas, autores, historiadores, activistas, músicos y artistas.

Aunque el gaélico irlandés no es el mismo idioma que hablaban los celtas, sí es su descendiente. Al rastrear los orígenes de las palabras en gaélico irlandés, podemos ver las huellas de los celtas, y podemos ver a través de sus ojos. El lenguaje revela a menudo la forma en que la gente ve el mundo, y no es menos cierto cuando se trata de los celtas. Lo mismo ocurre con las prácticas religiosas. Si nos fijamos en el arte celta, podemos ver que veneraban las plantas y los animales como elementos esenciales para la vida, y honraban a sus dioses a través de obras de arte que presentaban como ofrendas. Los celtas creían que sus seres queridos iban al más allá y que volverían a verlos, por lo que se aseguraban de cargar sus tumbas con tantos objetos necesarios y queridos como pudieran. También creían que Samhain era un tiempo liminal especial en el que los muertos podían visitarlos, y cuidaban de sus difuntos haciéndoles ofrendas de comida de forma muy parecida a como se celebra hoy el Día de los Muertos.

El cristianismo ha tenido un efecto profundo y duradero en Irlanda y en las personas que la llamaban su hogar en el siglo V. Antes ya había algunos cristianos, pero probablemente eran esclavos traídos de otras tierras; no tenían una comunidad establecida desde tan pronto. A pesar del choque de creencias, los celtas consiguieron mantener bastantes de sus tradiciones al convertirse al catolicismo, lo que constituye otro testimonio de la resistencia y adaptabilidad celtas y, más tarde, irlandesas.

¿Por qué son tan importantes los celtas? Gobernaron Irlanda durante unos dos milenios. Su sistema de creencias, sus rituales matrimoniales y funerarios, así como sus festivales dieron forma a la tierra en la que decidieron asentarse. Los celtas son inseparables de Irlanda, aunque los galos (que se mezclaron con francos y normandos, entre otros, para convertirse en los franceses) y los vascos son descendientes de celtas. Escoceses, galeses y maneses también descienden de pueblos celtas, pero son los celtas irlandeses los que el mundo recuerda con más claridad. Esto se debe en parte al arte de La Tène, tan perdurable y cautivador. También porque la historia y la mitología celtas se mantuvieron vivas por escrito, aunque hemos perdido gran parte de ellas. Y, en parte, porque los celtas lograron perdurar a través de lo que dejaron atrás, arqueológica, artística, poética y lingüísticamente. Han dejado su huella indeleble en el mundo, que es más de lo que pueden decir muchos pueblos antiguos. ¿Quién sabe cuántas culturas antiguas han desaparecido sin dejar rastro? Pero los celtas, se dieran cuenta o no, dejaron su huella en el mundo.

Al conocer la historia de los celtas y de Irlanda, podemos saber cómo Irlanda se convirtió en lo que es hoy y cómo vivían los antiguos pueblos de Europa occidental. Al conocer sus tradiciones, podemos ver dónde se originaron muchas de nuestras tradiciones modernas. Al fin y al cabo, hay más irlandeses viviendo en la diáspora en el extranjero que en la propia Irlanda, y estos son los descendientes de los celtas. Han mantenido viva la tradición celta a través de la poesía, las canciones y las tradiciones familiares de las que quizá ni siquiera sean conscientes.

Esperamos que haya disfrutado con esta introducción a la historia celta y que le haya inspirado para profundizar en los aspectos que le hayan llamado la atención. Hay mucho más por conocer y descubrir sobre este pueblo misterioso y fascinante.

Vea más libros escritos por Enthralling History

BILLY WELLMAN

LA INGLATERRA
MODERNA
TEMPRANA

UN APASIONANTE REPASO A LOS TUDOR, LOS ESTUARDO, EL
RENACIMIENTO, LA REFORMA Y OTROS ACONTECIMIENTOS QUE
DIERON FORMA A LA INGLATERRA DE LA EDAD MODERNA

ENTHRALLING HISTORY

Obras citadas

(IrishMyths.com), Publicado por I. E. "Were There Female Druids?". *Irish Myths*, 14 de enero de 2023, https://irishmyths.com/2022/04/29/female-druids/

17, marzo, et al. "Who Was St. Patrick?". *Diocese of St. Augustine*, 17 de marzo de 2022, https://www.dosafl.com/2022/03/17/who-was-st-patrick/?gclid=Cj0KCQjw8qmhBhClARIsANAtbocCRKLcgJRz8Y3uxPcO0sbIpQw9mInJbddIQf8WB75s2tV7PriTT1gaAuMZEALw_wcB

"8 Facts about the Celts". *History.com*, A&E Television Networks, https://www.history.com/news/celts-facts-ancient-europe

"Abhartach". *Wikipedia*, Fundación Wikimedia, 6 de febrero de 2023, https://en.wikipedia.org/wiki/Abhartach

"Ancient Celtic Women". *Wikipedia*, Fundación Wikimedia, 14 de marzo de 2023, https://en.wikipedia.org/wiki/Ancient_Celtic_women

"Ancient Celts Embalmed Enemy Heads as Trophies". *Nature News*, Nature Publishing Group, 9 Nov. 2018, https://www.nature.com/articles/d41586-018-07375-0

"AOS SÍ". *Wikipedia*, Fundación Wikimedia, 14 de marzo de 2023, https://en.wikipedia.org/wiki/Aos_S%C3%AD#:~:text=Aos%20s%C3%AD%20(pronounced%20%5Bi%CB%90s%CB%A0%20%CB%88%CA%83i%CB%90,comparable%20to%20fairies%20or%20elves

"Balor". *Encyclopedia Britannica*, Encyclopedia Britannica, Inc., https://www.britannica.com/topic/Balor

"Beliefs, Practices, and Institutions". *Encyclopedia Britannica*, Encyclopedia Britannica, Inc., https://www.britannica.com/topic/Celtic-religion/Beliefs-practices-and-institutions

Bhagat, septiembre 20. "The Origins and Practices of Mabon". *Boston Public Library,* https://www.bpl.org/blogs/post/the-origins-and-practices-of-mabon/

Bisdent. "Epona". *World History Encyclopedia,* Https://Www.worldhistory.org#Organization, 2 de abril de 2023, https://www.worldhistory.org/article/153/epona/

"Brigid". *Wikipedia,* Fundación Wikimedia, 7 de febrero de 2023, https://en.wikipedia.org/wiki/Brigid.

"Cailleach - Irish Goddess of the Winter & Her Trail in Ireland". *IrishCentral.com,* 4 de enero de 2023, https://www.irishcentral.com/travel/best-of-ireland/cailleach-irish-goddess-winter-trail-ireland#:~:text=The%20Cailleach%20is%20the%20goddess,we%20celebrate%20today%20as%20Halloween

"Cailleach". *Wikipedia,* Fundación Wikimedia, 5 de marzo de 2023, https://en.wikipedia.org/wiki/Cailleach

"Canola (Mythology)". *Wikipedia,* Fundación Wikimedia, 14 de abril de 2022, https://en.wikipedia.org/wiki/Canola_(mythology)#:~:text=In%20Irish%20mythology%2C%20Cana%20Cludhmor,stroll%20to%20clear%20her%20head

Cartwright, Mark. "Ancient Celts". *World History Encyclopedia,* https://www.worldhistory.org/#Organization, 5 de abril de 2023, https://www.worldhistory.org/celt/

Cartwright, Mark. "Cernunnos". *World History Encyclopedia,* https://www.worldhistory.org/#Organization, 4 de abril de 2023, https://www.worldhistory.org/Cernunnos/#:~:text=Cernunnos%20was%20an%20ancient%20Celtic,a%20torc%20around%20his%20neck

Cartwright, Mark. "The Morrigan". *World History Encyclopedia,* https://www.worldhistory.org/#Organization, 3 de abril de 2023, https://www.worldhistory.org/The_Morrigan/#:~:text=Appropriately%2C%20then%2C%20all%20three%20goddesses,of%20which%20contains%20a%20serpent

"Celt Timeline". *World History Encyclopedia RSS,* https://www.worldhistory.org/#Organization, https://www.worldhistory.org/timeline/celt/

"Celtic Calendar". *Wikipedia,* Fundación Wikimedia, 30 de marzo de 2023, https://en.wikipedia.org/wiki/Celtic_calendar#:~:text=Among%20the%20Insular%20Celts%2C%20the,November%20in%20the%20modern%20calendar

"The Celtic Languages". *YouTube,* YouTube, 25 de diciembre de 2016, https://www.youtube.com/watch?v=ri1Vw3w1_10

"Celtic Metalwork Art (C.400 BCE - 100 CE)". *Celtic Metalwork Art: History, Characteristics of La Tene, Hallstatt Cultures,* http://www.visual-arts-cork.com/irish-crafts/celtic-metalwork-art.htm

---

"Celtic Religion - What Information Do We Really Have". *Celtic Religion - What Information Do We Really Have,*
http://campus.murraystate.edu/academic/faculty/tsaintpaul/celtreli.html#BELIE
FS%20IN%20CONNECTION%20TO%20CHILDREN

"Celtic Weapons: Art". *Celtic Weapons Art,* http://www.visual-arts-
cork.com/cultural-history-of-ireland/celtic-weapons-art.htm

"Celts". *Wikipedia,* Fundación Wikimedia, 2 de abril de 2023,
https://en.wikipedia.org/wiki/Celts

"CÚ Chulainn". *Wikipedia,* Fundación Wikimedia, 3 de abril de 2023,
https://en.wikipedia.org/wiki/C%C3%BA_Chulainn#:~:text=C%C3%BA%20C
hulainn%20(%2Fku%CB%90%CB%88,who%20is%20also%20his%20father

"CÚ Chulainn: The Legend of the Irish Hulk (Irish Mythology Explained)".
YouTube, YouTube, 27 de abril de 2018,
https://www.youtube.com/watch?v=GgHBGFL9v7s&feature=youtu.be

"The Dagda". *Wikipedia,* Fundación Wikimedia, 5 de marzo de 2023,
https://en.wikipedia.org/wiki/The_Dagda

Daly, Zoë "Who Is Ériu, the Patron Goddess of Ireland?". *Ériu,* Ériu, 21 de
septiembre de 2022, https://eriu.eu/blogs/learn/eriu-patron-goddess-of-ireland

Dhruti Bhagat. Abril 30. "The Origins and Practices of Holidays: Beltane and
the Last Day of Ridván". *Boston Public Library,*
https://www.bpl.org/blogs/post/the-origins-and-practices-of-holidays-beltane-and-
the-last-day-of-
ridvan/#:~:text=Beltane%20is%20a%20Celtic%20word,well%20as%20increase
%20their%20fertility

Dhruti Bhagat. Junio 18. "The Origins and Practices of Litha". *Boston Public
Library,* https://www.bpl.org/blogs/post/the-origins-and-practices-of-
litha/#:~:text=The%20Celts%20celebrated%20Litha%20with,the%20bonfires%
20for%20good%20luck.&text=Other%20European%20traditions%20included
%20setting,into%20a%20body%20of%20water

Did Iron Age Celts Really Hunt Wild Boar (Sus Scrofa)? - Jstor.org.
https://www.jstor.org/stable/pdf/20557283.pdf

Dorn, Lori. "The Mythology behind the Royal Fairies of Celtic Lore".
Laughing Squid, 13 de junio de 2022, https://laughingsquid.com/supernatural-
fairies-of-celtic-
lore/#:~:text=The%20fairies%20of%20Celtic%20traditions,real%20ancient%20i
nhabitants%20of%20Ireland

"Druid". *Encyclopedia Britannica,* Encyclopedia Britannica, Inc., 15 de febrero
de 2023, https://www.britannica.com/topic/Druid

"Dullahan: The Headless Horseman of Irish Folklore - (Irish/Celtic Mythology Explained)". *YouTube*, YouTube, 14 de enero de 2019, https://www.youtube.com/watch?v=NEUCF-AA5WM

"Epona". *Encyclopedia Britannica*, Encyclopedia Britannica, Inc., https://www.britannica.com/topic/Epona

"Exploring Celtic Mythology: Children of Lir". *YouTube*, YouTube, 18 de junio de 2018, https://www.youtube.com/watch?v=hROVjj0fX84

"Farming in Celtic Britain". *Roman Britain*, 26 de enero de 2023, https://www.roman-britain.co.uk/the-celts-and-celtic-life/farming-in-celtic-britain/

Fergus. "Tobernalt Holy Well, Sligo History". *The Irish Place*, 16 de febrero de 2020, https://www.theirishplace.com/heritage/holy-wells/tobernalt-holy-well-sligo-history/

"Fomorians". *Wikipedia*, Fundación Wikimedia, 27 de diciembre de 2022, https://en.wikipedia.org/wiki/Fomorians

Gill, N.S. "Boudicca: A Mother's Revenge or Celtic Society's Laws?". *ThoughtCo*, ThoughtCo, 12 de agosto de 2018, https://www.thoughtco.com/celtic-marriage-laws-4092652

"Glas Gaibhnenn". *Wikipedia*, Fundación Wikimedia, 4 de enero de 2023, https://en.wikipedia.org/wiki/Glas_Gaibhnenn#:~:text=Glas%20Gaibhnenn%20(Irish%3A%20Glas%20Gaibhnenn,yields%20profuse%20quantities%20of%20milk

"Goibniu". *Wikipedia*, Fundación Wikimedia, 10 de octubre de 2022, https://en.wikipedia.org/wiki/Goibniu

hawk99. "History of Bees and Beekeeping - Bedtime History". *Bedtime History - Educational Stories, Podcasts, and Videos for Kids & Families*, 5 de octubre de 2022, https://bedtimehistorystories.com/history-of-bees-and-beekeeping/

"Imbolc". *Wikipedia*, Fundación Wikimedia, 6 de marzo de 2023, https://en.wikipedia.org/wiki/Imbolc

"Ireland in the Bronze Age". *Study.com | Take Online Courses. Earn College Credit. Research Schools, Degrees & Careers*, https://study.com/academy/lesson/ireland-in-the-bronze-age-life-houses-facts.html#:~:text=The%20average%20person%20in%20Bronze,break%20than%20any%20stone%20axes

"Irish Legends: Aine the Goddess Who Took Revenge on a King". *IrelandInformation.com*, https://www.ireland-information.com/irish-mythology/aine-irish-legend.html

Irish Monasticism, http://www.earlychristianireland.net/Specials/Irish%20Monasticism/

"Irish People". *Wikipedia*, Fundación Wikimedia, 3 de abril de 2023, https://en.wikipedia.org/wiki/Irish_people

"Iron Age People: Celts". *Ask about Ireland*, https://www.askaboutireland.ie/learning-zone/primary-students/subjects/history/history-the-full-story/irelands-early-inhabitant/iron-age-people-celts/

Jaideep.krishnan. "The Arrival of Christianity in Ireland: The Romans and Saint Patrick". *Wondrium Daily*

Liao, Jenny. "Introduction to the Gaelic Languages: Glossika Blog". *The Glossika Blog*, The Glossika Blog, 3 de mayo de 2018, https://ai.glossika.com/blog/introduction-to-the-gaelic-languages

"Linguistics". *Exploring Celtic Civilizations*, https://exploringcelticciv.web.unc.edu/linguistics/

"Lugh". *Wikipedia*, Fundación Wikimedia, 10 de marzo de 2023, https://en.wikipedia.org/wiki/Lugh

"Lughnasadh". *Wikipedia*, Fundación Wikimedia, 30 de marzo de 2023, https://en.wikipedia.org/wiki/Lughnasadh

"Milesians". *Encyclopedia Britannica*, Encyclopedia Britannica, Inc., https://www.britannica.com/topic/Milesians

"Monastic City". *Glendalough, Co. Wicklow, Ireland*, 20 de abril de 2020, https://glendalough.ie/heritage/monastic-city/

Moody, Sabrina. "Meanwhile, in Ireland: Ostara". *The Comenian*, https://comenian.org/7527/news/meanwhile-in-ireland-ostara/

"Morrigan: The Fearless Celtic Goddess of War". *ConnollyCove*, 7 de marzo de 2023, https://www.connollycove.com/morrigan-goddess-of-war/#:~:text=Ancient%20mythology%20tells%20us%20that,dressed%20in%20a%20red%20cloak

"Muiredach's Cross". *Muiredach's Cross, the West Cross and the North Cross at Monasterboice*, http://www.megalithicireland.com/High%20Cross%20Monasterboice.htm

"Ogham". *Wikipedia*, Fundación Wikimedia, 23 de marzo de 2023, https://en.wikipedia.org/wiki/Ogham

O'Hara, Author Keith. "Dearg Due (Female Vampire): Irishman's 2023 Tale". *The Irish Road Trip*, 4 de enero de 2023, https://www.theirishroadtrip.com/dearg-due/

O'Hara, Author Keith. "The Banshee: Origin + What It Sounds like (2023)". *The Irish Road Trip*, 4 de enero de 2023, https://www.theirishroadtrip.com/the-banshee/

"Oidheadh Chlainne Tuireann". *Oxford Reference,*
https://www.oxfordreference.com/display/10.1093/oi/authority.2011080310024
7501;jsessionid=E2B24DF9A20D347AA296ED414F8291EA

O'Neill, Brian. "Celts Arrive in Ireland - Iron Age Period - History of Ireland".
Your Irish Culture, 1 de abril de 2023,
https://www.yourirish.com/history/ancient/the-
celts#:~:text=When%20the%20Celtic%20culture%20did,kingship%2C%20king
doms%2C%20and%20power

"Pagan or Christian? Burial in Ireland during the 5th to 8th Centuries". *Home,*
https://www.taylorfrancis.com/chapters/edit/10.4324/9781315087269-9/pagan-
christian-burial-ireland-5th-8th-centuries-ad-brien-elizabeth

"Palladius (Medieval Ireland)". *Whatwhenhow RSS,* http://what-when-
how.com/medieval-ireland/palladius-medieval-ireland/

"Pelagius". *Encyclopedia Britannica,* Encyclopedia Britannica, Inc.,
https://www.britannica.com/biography/Pelagius-Christian-theologian

"Pliny the Elder". *Encyclopedia Britannica,* Encyclopedia Britannica, Inc.,
https://www.britannica.com/biography/Pliny-the-Elder

Published by Tori On 9th August 2019. "All about Celtic Weddings- History,
Handfasting and More! ★ Unconventional Wedding". *Unconventional
Wedding,* 3 de abril de 2023, https://unconventionalwedding.co.uk/celtic-
weddings-history-handfasting-and-more/

"PÚCA". *Wikipedia,* Fundación Wikimedia, 25 de marzo de 2023,
https://en.wikipedia.org/wiki/P%C3%BAca#:~:text=The%20p%C3%BAca%20(
Irish%20for%20spirit,hinder%20rural%20and%20marine%20communities

Quinn, Eimear. "Irish Language Guide". *Wilderness Ireland,* 31 de marzo de
2022, https://www.wildernessireland.com/blog/irish-language-guide/

"Sacred Grove". *Wikipedia,* Fundación Wikimedia, 25 de marzo de 2023,
https://en.wikipedia.org/wiki/Sacred_grove#:~:text=The%20Celts%20used%20s
acred%20groves,Druids%20oversaw%20such%20rituals

"Saint Patrick". *Wikipedia,* Fundación Wikimedia, 28 de marzo de 2023,
https://en.wikipedia.org/wiki/Saint_Patrick

"Samhain". *Wikipedia,* Fundación Wikimedia, 16 de marzo de 2023,
https://en.wikipedia.org/wiki/Samhain

"Shield: British Museum". *The British Museum,*
https://www.britishmuseum.org/collection/object/H_1857-0715-1

"Sluagh". *Emerald Isle Irish and Celtic Myths, Fairy Tales and Legends,*
https://emeraldisle.ie/sluagh

"St Patrick's Purgatory". *Wikipedia,* Fundación Wikimedia, 12 de marzo de
2023,

https://en.wikipedia.org/wiki/St_Patrick%27s_Purgatory#:~:text=had%20substantial%20proof.-,St.,believe%20all%20that%20he%20said

"The Story of Tír Na Nóg". *YouTube*, YouTube, 12 de febrero de 2018, https://www.youtube.com/watch?v=cSp-ihnpJ64

"Strabo". *Encyclopedia Britannica*, Encyclopedia Britannica, Inc., https://www.britannica.com/biography/Strabo

Thompson, Chris. "Pleasing the 'King-of-Bling!". ~ Notes on the Tasks of the Sons of Tuireann". *Pleasing the "King-of-Bling!" ~ Notes on the Tasks of the Sons of Tuireann – Story Archaeology*, 4 de mayo de 2014, https://storyarchaeology.com/pleasing-the-king-of-bling-notes-on-the-tasks-of-the-sons-of-tuireann/

"Traditional Irish Fishing Methods". *National Museum of Ireland*, https://www.museum.ie/en-IE/Collections-Research/Folklife-Collections/Folklife-Collections-List-(1)/Fishing-and-Hunting/Traditional-Irish-fishing-methods#:~:text=Traps%20made%20of%20wicker%20or,salmon%20took%20place%20under%20licence

"Tír Na Nóg". *Wikipedia*, Fundación Wikimedia, 4 de febrero de 2023, https://en.wikipedia.org/wiki/T%C3%ADr_na_n%C3%93g

"Wheel of the Year". *Wikipedia*, Fundación Wikimedia, 1 de abril de 2023, https://en.wikipedia.org/wiki/Wheel_of_the_Year

"Who Were the Celts?". *Museum Wales*, https://museum.wales/articles/1341/Who-were-the-Celts/#:~:text=Where%20did%20the%20Celts%20come,and%20into%20the%20Czech%20Republic

World, Author Irish Around The. "Top 20 Irish Celtic Symbols and Their Meanings Explained". *Irish Around the World*, 19 de enero de 2022, https://irisharoundtheworld.com/celtic-symbols/